BIBLIOTHÈQUE SCIENTIFIQUE CONTEMPORAINE

Bateaux

ET

NAVIRES

Bateaux

ET

NAVIRES

PROGRÈS DE LA CONSTRUCTION NAVALE

dans tous les Ages et dans tous les Pays

PAR

LE MARQUIS DE FOLIN

ANCIEN OFFICIER DE MARINE
MEMBRE DE LA COMMISSION SCIENTIFIQUE D'EXPLORATION DES GRANDS FONDS
DE LA MÉDITERRANÉE ET DE L'ATLANTIQUE
DE L'ACADÉMIE ROYALE DES SCIENCES DE LISBONNE
DE LA SOCIÉTÉ IMPÉRIALE DES NATURALISTES DE MOSCOU, ETC., ETC.

Avec 132 figures intercalées dans le texte

PARIS

LIBRAIRIE J.-B. BAILLIÈRE ET FILS

RUE HAUTEFEUILLE, 19, PRÈS DU BOULEVARD SAINT-GERMAIN

1892

Tous droits réservés

"

AVANT-PROPOS

Ce livre a pour but de faire connaître les principales formes de flotteurs usités, depuis l'origine de la navigation jusqu'à nos jours, en tous les pays du monde : *radeaux* et *pirogues, embarcations de pêche, flotteurs de transport, bâtiments de servitude et de commerce, flotteurs de guerre* et *de plaisance, flotteurs à vapeur* et *sous-marins,* etc.

Il y manque certainement bien des noms et bien des types, cependant cette étude suffit pour que l'on se forme une idée exacte des principaux engins de navigation répandus sur toute la surface du globe.

Elle est plus que suffisante également pour que l'on puisse établir des comparaisons entre les divers systèmes de construction, les divers genres de gréement et de voilure.

Elle servira à leur vulgarisation et familiarisera le public curieux de s'instruire, avec les flotteurs de toutes espèces, qui sont les principaux agents du commerce, les instruments de la guerre navale, des explorations, des recherches sous-marines, etc.

Espérons qu'elle remplira le but que nous nous sommes proposé.

Ce sont bien plutôt des souvenirs que des résultats de recherches que nous présentons au lecteur.

Comme souvenirs, surtout, nous dédions ce livre à tous ceux qui nous tiennent au cœur :

PARENTS,

AMIS.

« A LA BARQUE »

Enseigne conservée au Musée archéologique de Namur,
dessin de M. l'abbé M. Lefebvre.

TABLE DES MATIERES

FIN DE LA TABLE DES MATIÈRES

ERRATA

Page 155, fig. 91, Koff, *au lieu de* bateau à deux mâts, *lisez :* bateau a un mât.

Page 179, *ajoutez :* dans quelques ports de France on a substitué le mot *Dundée* à celui de *Côtre-dandy.*

Page 217, *lisez* Saveiros au lieu de Sareiros, de même, page 218, fig. 120, et pages 219.

Page 222, Barea de Amarraçao, l'ao final doit être surmonté d'un accent portugais ~ qui indique la prononciation en *m*, de même, à la ligne suivante Armaçoes, *lisez :* Amarracões.

Bateaux et Navires

CHAPITRE PREMIER

LES ORIGINES

LE PREMIER FLOTTEUR

Depuis de longues heures, l'ouragan s'est déchaîné, il exerce ses ravages sur une contrée ordinairement riante et sereine. En ce moment tout ce qui s'élève au-dessus de son sol : herbes, plantes, arbrisseaux, tout est haché, pulvérisé. Les arbres eux-mêmes sont déracinés et par les rafales dans les paroxysmes de leurs fureurs, et par les torrents roulant des masses d'eau sans cesse augmentées par les cataractes que deversent des nuées tellement épaisses et si profondes, que les teintes sombres qu'elles revêtent obscurcissent le ciel. Dans les vallées, l'eau s'accumule, elle en débouche pour envahir les plaines, puis elle monte, monte encore, monte toujours et recouvre bientôt les croupes des premiers coteaux, la région tout entière se trouve submergée, ce n'est plus que l'affaire de quelques instants.

La nappe d'eau est immense, ses mouvements sont violents comme ceux de la tempête, dans leurs tumultueux égarements ils entraînent tous les produits de leurs dévastations. Les vagues désordonnées, les flots tourbillonnants roulent, en les fracassant les unes contre les autres, des roches déchaussées, des branchages, des touffes de joncs, et de roseaux ; des animaux s'entremêlent aussi autour de ces amas et forment un fouillis que la violence du courant précipite de la surface au fond, puis ramène du fond à la surface.

Et la nuit vient et l'homme est terrifié !

C'est-à peine s'il commence à savoir s'abriter sous les excavations que présentent quelques rochers ; c'est l'homme primitif ; sa terreur s'accroît lorsqu'il voit l'eau gagner son abri, il jette des regards effrayés autour de lui, pousse des cris d'épouvante, de lugubres lamentations, il fuit en gravissant la pente qui émerge encore. Mais il est poursuivi par l'envahissement et bientôt le courant l'atteint, ses efforts pour se cramponner au sol sont impuissants, il est entraîné et roule, cependant non vaincu, suivant le cours de l'eau. La lutte instinctive contre la mort redouble ses forces, l'éclaire, l'inspire. Il devient presque nageur par nécessité, il se maintient sur la crête des vagues malgré les heurts incessants qu'elles lui font subir. Dans l'énergie de son désespoir, ses mains saisissent furieusement tous les objets qu'elles rencontrent, mais aucun n'est capable de le soutenir, ses forces s'épuisent, ses membres se raidissent, il sent qu'il faut périr et le voilà qui s'abandonne. Mais soudain une branche en roulant l'a soulevé, il respire de nouveau et d'instinct s'y accroche, il sent qu'elle résiste, qu'elle l'appuie, il la serre plus violemment, il la saisit de son autre main. Peu à peu il perçoit mieux l'aide qu'elle lui procure, son œil distingue vaguement que cette branche de salut

Fig. 1. — Le premier flotteur.

tient à un tronc, et d'efforts en efforts, car — il a repris espoir et veut de nouveau lutter pour vivre — il s'en rapproche et parvient enfin à se fixer dessus (fig. 1).

Tel doit avoir été le premier flotteur?

En effet quelque épisode de cette sorte dut se produire pendant la vie de l'homme du premier âge. Mais on peut aussi penser que bien des faits observés, bien des exemples remarqués ont dû inspirer à cette époque la pensée de traverser une rivière, de gagner une île voisine. Si l'on en croyait un poète, l'homme aurait suivi l'exemple d'un petit animal qui se serait servi d'un fragment d'écorce pour s'aventurer sur l'eau. L'exemple assurément n'a pas manqué d'attirer l'attention, plus d'une fois, sans doute. En supposant qu'il ait été imité, il n'y aurait en cela rien de bien remarquable au compte de l'imitateur, puisqu'il n'aurait usé que d'un procédé dont la bête aurait compris la portée avant lui.

Pourquoi relèguerait-on ainsi son intelligence au second plan, et pourquoi alors qu'il parvenait, sans suivre une voie indiquée par l'exemple, à se fabriquer des ustensiles, des armes, des vêtements, n'aurait-il pas aussi compris comment il pouvait utiliser un flotteur?

LES RADEAUX

L'idée conçue, son application devait rapidement suivre ; c'est ce qui eut lieu vraisemblablement; le cas se présenta où le tronc d'arbre à lui seul ne suffisait plus, un certain nombre furent assemblés au moyen de branchages flexibles, le premier radeau se trouva établi, et ce fut peut-être l'espoir que, en s'aventurant quelque peu au large, des pêches plus fructueuses que celles effectuées sur les rives seraient faites qui en inspira l'idée. Sans doute aussi l'esprit y fut poussé par la néces-

sité qui se fit bientôt sentir du transport du bord
à l'autre d'un cours d'eau, de la famille, du ménage,
des produits de la chasse, de quelques récoltes, etc.

Ce premier appareil de navigation ne devait pas,
comme on pouvait le croire, demeurer un terme
brut de la conception qui l'avait fait se produire.

Fig. 2. — Le premier radeau.

En bien des cas il fut employé et nous citerons
l'usage qu'en fit Julien l'Apostat dans ses campagnes d'Asie, particulièrement sur l'Euphrate.

Il eut sur ce fleuve une flotille considérable
parmi laquelle on comptait plus de cinq cents
Keleks. Les Keleks étaient des radeaux soute-
nus par des outres. Les bateaux de rivières qu'il
avait en même nombre, bateaux du pays, étaient
les mêmes que ceux qui se voient encore aujour-
d'hui sur les cours d'eau de l'Asie Mineure et de
l'Hindoustan. Ce sont également ceux dont
Alexandre se servit aussi comme moyens de transport pour approvisionner son armée. Le général
Bidulph, de l'artillerie anglaise, qui a servi dans

l'Inde a bien voulu nous prêter un croquis qu'il a pris sur la rivière Kabul, d'un de ces bateaux : il est fort curieux et mérite d'être connu (fig. 3).

Nous tenons également de lui les particularités suivantes sur l'emploi, assurément très singulier, que certains sacripans de l'Inde, habitants un district montagneux sur les bords du même Kabul, font de l'outre comme flotteur. Ils traversent la rivière

Fig. 3. — Bateau de Kabul, d'après un croquis du général Bidulph.

à la nage, s'emparent du premier habitant de l'autre rive qu'ils rencontrent, l'enferment dans une outre et lui font ainsi traverser le Kabul en nageant et poussant l'outre devant eux, ceci pour le réduire à l'esclavage. Ils ont soin pendant le trajet, d'introduire de l'air de temps en temps en soufflant de tous leurs poumons dans une sorte d'embouchure *ad hoc*. Malgré cela le passager arrive ordinairement dans un état voisin de l'asphyxie, on se hâte de le sortir de son flotteur et de le transporter dans la montagne. Qui se serait imaginé que l'outre était employée autrement que comme support ou comme contenant quelque autre chose que des liquides ?

On use encore de nos jours des radeaux bien que ce soit un type très primitif : on connaît parfaitement les radeaux qui sont établis à proximité des forêts où l'on exploite les bois de chauffage et de construction, et qui, sous l'impulsion des courants plus qu'à forces de bras, descendent les rivières et les fleuves pour atteindre leurs destinations. Il en arrive presque chaque jour à Paris ; on en voit sur le Rhin, sur le Danube, l'Oural, le Volga, et presque en tous pays on en rencontre fréquemment.

Dans l'Amérique du Nord, on a même, dans ces derniers temps, poussé jusqu' à l'exagération les dimensions qui leur ont été données. Malgré l'insuccès d'un premier essai tenté avec un radeau composé de plus de 60 mille troncs d'arbres, ou de pièces équarries et qui fut livré aux flots de l'Océan lesquels pendant une tempête le disloquèrent, et dispersèrent toutes ses parties jusque dans les parages des Açores, on n'a nullement renoncé à faire usage d'aussi gigantesques flotteurs.

Sur quelques points des côtes du Brésil, des radeaux assez solidement construits pour naviguer à la mer, et dans ce but portant une voile, font quelque peu de cabotage, ils sont appelés *Catimarons* ou *Catimarans*.

On trouve à Madras des radeaux de même nom qui sont formés de trois grosses pièces de bois liées ensemble, celle du milieu est plus longue que les deux autres; c'est de l'une des extrémités de celle-ci qui déborde que le patron gouverne et manœuvre la voile, car ces sortes de radeaux naviguent plutôt à la voile qu'à l'aviron ou à la pagaye.

Il faut aussi citer, comme l'un des plus curieux du genre, les Balsas du Guaymas ou rivière de Guayaquil; ils sont établis avec des pièces de bois tirées du Palo balza, arbre dont le bois est d'une extrême légèreté; elles sont reliées ensemble au

Fig. 4. — Balza sur le Guaymas, ou rivière de Guayaquil (Equateur).

moyen de ligatures ou amarrages de lianes cordées et ont une surface assez grande pour que la famille tout entière de celui qui l'a construit et qui en est propriétaire y vive d'une façon permanente, habitant une maisonnette ou cabane élevée sur le radeau.

Autour d'elle on trouve même souvent une sorte de petit jardin, il n'est pas rare de la voir ombragée par quelques arbustes. On pourrait dans ces conditions comparer les Balzas à des îles flottantes et les caïmans qui sont fort nombreux, dans le fleuve, s'y trompent assez souvent et s'aventurent à

grimper sur ce qu'ils prennent pour un rivage
(fig. 4).

Indépendamment des Balsas on voit aussi sur le
Guaymas une autre espèce de radeau qui se nomme
Janguada.

Au Pérou on se sert encore de radeaux exactement semblables à ceux que construisaient les premiers habitants de ce pays.

Au Chili, dans beaucoup de ports, les navires
qui viennent y commercer, ne pouvant accoster à

Fig. 5. — Radeau supporté par des outres, employé au Chili
pour le transport des marchandises à bord des bâtiments.

terre, demeurent mouillés au large, et leurs déchargements comme leurs chargements s'effectuent au
moyen de petits radeaux supportés par deux outres
entre les extrémités desquelles pendent les deux
jambes de l'homme qui les manœuvre (fig. 5).

A la Nouvelle-Zélande les naturels établissent,
avec de petits roseaux croissant dans les maré-
cages, des espèces de matelas assez épais, dont ils
se servent comme de radeaux. Ils les nomment
Moagie.

En Malaisie les habitants de quelques îles se servent également d'un radeau en bambou, le *Salamba* pour faire la pêche au moyen d'un filet qui rappelle quelque peu celui qui est employé sur les côtes de France, de l'Océan, qui s'y nomme *Carrelet*. Seulement celui des Salembas est de beaucoup plus grande dimension.

En cas de naufrage, alors que les embarcations du navire, qu'il faut abandonner, sont insuffisantes ou avariées, on construit un radeau en se servant de toutes les ressources du bord, qui peuvent être utilisées pour le rendre le plus solide et le plus sûr possible, aussi bien qu'en état de porter autant d'hommes qu'il faut en sauver, avec des vivres pour les nourrir si l'on a pu en tirer des soutes. Tout le monde a entendu parler, et on connait plus ou moins bien le *Radeau de la Méduse*. Combien d'autres ont été établis dans des circonstances analogues.

Les bâtiments de l'État, à bord desquels règne un amour-propre fort développé à l'égard de leur propreté tant intérieure qu'extérieure, ont, en vue de leur bonne tenue au dehors, de petits radeaux, des *ras*, ainsi qu'on le dit pour être plus bref, sur lesquels des hommes spécialement chargés de ce service maintiennent bien astiquées, suivant l'expression consacrée, toutes les parties avoisinant la flottaison. Ils servent aussi en certains cas, à des travaux de réparations ou autres qui doivent être faits sur les mêmes points.

Il y a enfin les radeaux qui peuvent être regardés comme l'expression la plus élevée du type, ce sont ceux qui dans les ports et dans les arsenaux servent à divers usages. Ils étaient surtout employés dans les opérations de radoub, alors qu'on abattait encore les navires en carène. Après avoir couché le bâtiment sur un de ses flancs au moyen d'apparaux spéciaux et suffisants, jusqu'à émerger sa quille à l'éventer, ainsi que cela se

Fig. 6. — Ras de carénage.

disait, on allongeait à la file les uns des autres, tout le long de cette pièce, un certain nombre de larges radeaux, et sur ceux-ci de nombreux ouvriers se trouvaient en état de travailler aussi aisément que s'ils eussent été sur un quai. Ils pouvaient sans aucunes difficultés enlever le vieux cuivre, chauffer la carène, opération délicate consistant à brûler des bruyères sèches sur les bordages des flancs, afin de les nettoyer à fond. Il leur était commode, bien à leur aise sur les ras, de calfater les coutures à nouveau et de doubler à neuf en replaçant de nouvelles feuille de cuivre, (fig. 6).

Aujourd'hui cette besogne s'exécute bien plus rapidement dans les bassins de carénage, cependant ce n'est que beaucoup moins commodément sur certaines parties de la coque. Ces sortes de radeaux étaient construits fort solidement, tels que les navires eux-mêmes, il s'en trouvait dont les bords étaient garnis d'une petite muraille de 25 à 30 centimètres d'élévation et presque tous étaient en état de porter de lourdes charges, ancres, canons, etc., qu'ils amenaient le long des navires sous les palans de charge de celui-ci.

FIG. 7. — Radeau de la baie de Somme.

Dans des conditions à peu près semblables, on construit dans la baie de Somme, à l'embouchure de cette rivière, de solides radeaux qui sont destinés au lestage et délestage des navires, à leur servir d'allèges, et surtout à porter des chargements de galets employés à la fabrication des poteries. Ils peuvent sans difficultés passer sur tous les bas fonds, nombreux dans cet estuaire, et accostent facilement sur toutes les plages basses de ces

localités. Ils montrent cette particularité caractéristique qu'une petite muraille ou pavois s'élève
autour de la partie destinée au chargement, et le
maintient de façon, qu'il ne peut glisser sur les
bords (fig. 7).

CHAPITRE II

LES PIROGUES

Le radeau fut toujours d'une manœuvre difficile, exigeant beaucoup de force pour être mis en
mouvement et de plus marchant peu ; tout ceci ne
pouvait manquer d'être vite remarqué et l'homme
fit quelque effort d'imagination pour trouver mieux.
Il revint au tronc et chercha d'abord à lui donner
une stabilité relative en le taillant pour que, en
flottant, il demeurât toujours immergé dans le
même sens sans tourner sur lui-même, puis il
comprit qu'il lui était facile de l'alléger et de lui
faire porter de plus lourdes charges en le creusant. Enfin il dut sans doute observer la rapidité
avec laquelle le poisson opérait ses mouvements
de translation dans l'eau : s'inspirant des formes
qu'il lui montrait, il les appliqua à son arbre
évidé et termina chacune de ses extrémités par
des pointes en les effilant. Il est probable que ce
fut ainsi que d'améliorations en améliorations, la
pirogue devint peu à peu une véritable embarcation. D'abord elle fut poussée en appuyant une
gaule sur ·le fond, puis lorsqu'un jour l'eau deve-

nue tout à coup plus profonde, l'appui vint à manquer, quelques mouvements de la gaule montrèrent que ceux-ci produisant quelque effet, ils deviendraient assurément plus efficaces si la surface agissante était plus grande, le piroguier se fit une pagaye dont il se servit d'abord comme il s'était servi de la gaule. Pour plus de commodité il la fixa ensuite par un point sur le bord de sa pirogue, ce qui lui permettait de la manœuvrer étant assis; l'aviron était trouvé.

Son usage apprit peu à peu tous les effets qu'on pouvait en tirer. Placé sur l'avant et agissant d'avant en arrière, sur un seul bord, on s'aperçut qu'il faisait abattre le flotteur sur l'autre partie, il était ainsi facile de le faire virer de bord. En le manœuvrant en sens contraire il produisait un effet analogue, mais du côté où il prenait son point d'appui. S'il y avait deux avirons en couple ils produisaient la marche en avant s'ils agissaient d'avant en arrière, et faisaient culer, s'ils étaient manœuvrés en sens contraire, c'est-à-dire si l'on *sciait* d'après l'expression consacrée. Il fut aussi remarqué que, si l'un des deux agissait dans un sens et le second dans l'autre, le flotteur tournait sur lui-même. C'est par eux que l'on apprit aussi ce que pouvait un gouvernail, car avec un aviron appliqué sur l'arrière, on obtenait les mêmes effets que ceux que nous venons de dire sur la proue, et avec son aide on pouvait facilement imposer au flotteur la direction que l'on désirait.

Il est hors de doute que la pirogue date de la plus
haute antiquité. On en a trouvé en plusieurs cas
dans des conditions qui ne peuvent laisser aucune
incertitude à cet égard, indépendamment de celles
qui ont été découvertes appartenant à des habitations lacustres. Soit sur des monuments, soit
comme produits de fouilles, il est fréquent de rencontrer des preuves pouvant servir à constater
l'usage de ce flotteur primitif.

Dans quelques occasions et à diverses époques,
on a retrouvé en France, enfouies dans des bancs
de vase où elles se sont conservées, des pirogues
façonnées grossièrement dans des troncs d'arbres.
Elles ont sûrement servi aux anciens habitants
des Gaules riverains des lacs, des étangs, des fleuves et des rivières. Il en a été à peu près de même
dans toutes les contrées de l'Europe. On en con-
serve de nombreux spécimens en plusieurs musées, et l'un des types les plus authentiques est le
Holker des peuples du Nord.

Les nègres du Sénégal construisent avec assez
d'habileté de petites pirogues sur lesquelles ils
n'hésitent pas à traverser les barres, c'est-à-dire
les lames parfois énormes qui déferlent sur leurs
plages de sable et en particulier sur celle qui est
située devant Saint-Louis. Lorsqu'un navire vient
mouiller par le travers de cette ville, ou plutôt de
Guet'-en'-Dar, village Yoloff bâti sur la langue
sablonneuse qui sépare le fleuve de la mer, nulle
communication ne peut s'établir entre la terre et

lui, si ce n'est au moyen de ces pirogues légères que se hâtent d'armer les noirs du village. Si un passager, pressé de débarquer, consent à se confier à ces hardis piroguiers, ceux-ci le font asseoir au fond de l'instable esquif qu'un mouvement maladroit fait infailliblement chavirer, et s'il se conduit bien, il est amené sans événement jusque vers la zone sur laquelle la lame commence son ascension. Averti qu'il n'a rien à craindre s'il a foi et s'il consent à faire, en quelque sorte, abnégation de sa personne en faveur des hommes qui se sont chargés de lui, consentant à ne plus être qu'un colis, il n'en éprouve pas moins une appréhension bien concevable lorsqu'il voit la pirogue s'arrêter d'abord afin d'attendre l'embelie et s'élancer ensuite pour couper la muraille d'eau toute brouillée de sable, et par ce fait toute jaunâtre, qui s'élève à deux ou trois mètres au-dessus de sa tête. La tentative n'a pas réussi, il faut si peu de chose pour faire dévier de la ligne droite la frêle embarcation et pour peu que la moindre force la prenne tant soit peu du travers, elle est subitement retournée. Les noirs ont, dans ce cas, chacun leur rôle, tandis que l'un d'eux s'empare du passager et le maintient à flot, les autres relèvent la pirogue, la vident, et ce soin accompli, on réinstalle le colis vivant à sa place, les piroguiers sont fort rapidement en situation de recommencer l'expérience, parfois elle doit être renouvelée à cinq ou six reprises différentes, mais toujours elle finit par aboutir à un succès. Ces Yoloffs sont pêcheurs, passent leur vie dans leurs pirogues et sont aussi bons plongeurs que nageurs.

Sur toute la côte occidentale d'Afrique, les populations riveraines de l'Océan, des fleuves et des rivières ne se servent guère que de pirogues. Il en est qui arment cinquante ou soixante pagaies et plus et qui, mises en mouvement par leur effet, marchent avec une grande vitesse.

Fig. 8. — Nègres du Gabon creusant une pirogue.

Les habitants du Gabon donnent beaucoup de soins à la construction de leurs pirogues qui sont de dimensions diverses, suivant les usages auxquels on les destine. Il n'y a pas longtemps encore qu'ils les creusaient au moyen du feu, mais aujourd'hui qu'ils ont à leur disposition tous les outils de charpentage au moyen desquels ils peuvent opérer plus rapidement la confection de leurs embarcations, ils ont à peu près abandonné l'ancien procédé (fig. 8).

A l'île du Prince, sous la même latitude, les noirs se servent de pirogues à peu près semblables à celles du Gabon, seulement ils n'en ont que de petites. Elles leur servent pour pêcher le long des côtes de l'île. Il en est de même à San-Antonio et à Annobon. Une remarque à faire, c'est qu'aux îles du Cap-Vert la pirogue n'est pas en usage, cela vient sans doute de ce que cet archipel, de formation volcanique, n'offre qu'un très petit nombre de points sur lesquels on puisse débarquer, partout ce ne sont que roches tourmentées ne présentant que des plans verticaux accidentés de pointes plus ou moins aiguës et dont l'accès est d'autant plus impossible que la mer y brise presque toujours furieusement. Cette remarque peut servir à montrer que la nature des côtes et les difficultés qu'elles présentent ont une grande influence sur l'appropriation des types de flotteurs et que d'elles dépendent les conditions dans lesquelles on a dû les construire afin qu'elles puissent bien servir.

En descendant la côte du cap Lopez jusqu'au sud de l'Afrique, on retrouve un état de choses à peu près semblable à celui qui s'observe sur toute la partie nord : les pirogues y sont à peu près les mêmes. Il en est également ainsi pour la côte orientale, on n'y trouve rien d'assez particulier méritant d'être mentionné.

En Asie, signalons les *Sampans* de Saïgon, qui
sont des pirogues perfectionnées et servant à différents usages, bateaux de pêche, de charge et de
passage (fig. 9).

Fig. 9. — Sampan, pirogue de Saïgon.

Les mers de l'Inde, de Chine et le Grand-Océan
sont en quelques parties semées d'archipels et
d'îles dont les habitants sont encore quelque peu
sauvages et se livrent à la piraterie quand ils en
trouvent l'occasion. Le plus souvent ils se servent
de pirogues dont quelques-unes sont de grandes
dimensions. Les plus remarquables sont les *Praos*
de Macassar qui ont une grande réputation de
vélocité. En ces mers, l'imagination de l'homme
lui a suggéré un ingénieux et sûr moyen de
remédier au défaut que présentent ces grandes
pirogues, l'instabilité résultant de ce qu'elles sont
trop étroites pour leur longueur, ce qui fait que
sous la pression d'une voilure proportionnellement
énorme elles seraient exposées à chavirer fréquemment. Sur l'un des côtés du monoxyle principal
on en ajoute un accessoire relié au premier par
des arcs-boutants solidement fixés à l'un et à

l'autre. La petite pirogue sert de balancier et donne
à la grande une parfaite stabilité.

Dans l'archipel de Santa-Cruz, non seulement
les pirogues sont à balanciers au vent, mais elles
sont aussi pourvues sous le vent d'une plate-
forme. A Manille, les pirogues sont à balanciers
doubles.

En cette fourmilière d'îles et d'archipels qui se
succèdent à peu de distance, jusqu'à rejoindre les
groupes non moins nombreux semés sur la surface de l'océan Pacifique et dans ceux-ci, également, on rencontre bien des types de pirogues.
Nous ne pouvons, dans ce simple aperçu des principales formes, les indiquer les unes après les
autres, disons seulement que, généralement, les
pirogues des Océaniens sont soignées et souvent
très ornées. Comme exemple, nous citerons celles
de la Nouvelle-Zélande, dont les contours sont
élégants et dont l'avant est surélevé par une étrave
correctement cintrée et enjolivée par des sculptures
d'arabesques bizarres dont le dessin est assez régulier. Une ornementation analogue se retrouve sur
l'arrière qui s'effile sans dépasser la ligne qui sert
de lisse. Une voile triangulaire faite de nattes
assemblées s'établit sur deux espares et, con-
trairement à ce qui a lieu d'ordinaire, les Néo-
Zélandais l'installent en plaçant l'angle le plus aigu
comme point d'amure, ce qui fait que la plus
grande surface se trouve au haut de la voile
(fig. 10). Les pirogues de guerre des Néo-Zélan-

dais sont fort grandes. Indépendamment de celles dont il vient d'être question, les naturels en fabriquaient de petites pour la pêche avec l'écorce d'un arbre que les Anglais appellent *Stringey*. Les Australiens se servent également de pirogues grossièrement construites en écorce.

FIG. 10. — Pirogue de la Nouvelle-Zélande.

A Taïti, les naturels employaient, pour la navigation en dedans du récif, des pirogues à balancier, de petites dimensions, mais il les ont abandonnées pour se servir d'embarcations européennes. Autrefois la pirogue double de cette île, appelée *Pahic*, était for t remarquable et servait à la guerre. On en voyait d'à peu près semblables aux Pomotoux et aux îles Hawaï.

Aux îles Marquises, les pirogues, également à balancier, sont exhaussées en leur partie centrale par des sortes de fargues qui garantissent quelque peu contre l'embarquement de l'eau.

Les pirogues doubles de Tonga-Tabou se composent de deux pirogues réunies par une plate-forme (fig. 11). Celle qui sert de balancier est plus courte que l'autre, elle demeure toujours du côté du vent, afin de remplir son office lorsque c'est à la voile que le flotteur marche. Une voile unique, de grande dimension, ayant quelque analogie avec les voiles latines, est fixée sur deux vergues. Si elles louvoyent, ces pirogues ne virent jamais

Fig. 11. — Pirogue double de Tonga-Tabou.

de bord ; on porte la pagaye qui sert de gouvernail de l'extrémité qui était l'arrière à l'autre qui le devient à son tour, en même temps le point d'amure de la voile change de place et vient se fixer sur la partie qui est devenue l'avant.

Les naturels de Vanikoro se servent d'une pirogue qu'ils rendent stable au moyen d'un balancier, les deux flotteurs supportent une sorte de plate-forme sur laquelle se tient l'équipage. Elle se meut au moyen d'une voile dont la forme est

assez bizarre, elle a celle d'un grand écu ou bou-
clier, forme maintenue par deux longues vergues
courbes au sommet desquelles sont attachés des
panaches de feuillage ; elle est composée avec des
nattes assez fines et assez bien cousues les unes
aux autres (fig. 12).

Fig. 12. — Pirogue de Vanikoro.

Citons encore les Praos volants des Carolines qui
sont également amphisdromes, et dont la vitesse
était supérieure de beaucoup à toutes celles connues. Puis la forme curieuse qu'on rencontre à
l'île Sobi des Célèbes, et celle de l'île Mysol, de la
Nouvelle-Guinée.

Les peuplades des deux Amériques ont aussi
leurs pirogues qui, généralement, sont assez gros-

sièrement façonnées. La plupart du temps, elle
consiste en un tronc d'arbre simplement creusé,
et les Indiens ne prennent même pas la peine de
leur donner à l'avant et l'arrière la forme la plus
propre à faciliter leur marche. Cela n'a rien d'étonnant, ils ne s'en servent que sur des rivières ou
des lacs, et n'ont d'autre but que celui d'avoir
un flotteur. Nous citerons à l'appui les pirogues de
l'Ussumassinta (fig. 13) au Mexique et, puisqu'il

Fig. 13. — Pirogue de l'Ussumassinta, d'après Arthur Morelet.

est question de ce pays, nous dirons aussi qu'on
rencontre encore, dans le Yucatan et le Tabasco,
d'immenses pirogues pouvant porter quinze à
vingt tonnes et même plus, dont l'usage s'est conservé tout comme leur nom. Ce sont les *Canoas*
des anciens Indiens. Elles naviguent à la mer et
font le cabotage.

Dans l'Amérique du Nord, les tribus habitant
aux bords des grands lacs donnaient un peu plus

de soin à la construction de leurs pirogues, c'était
en effet presque la mer que les eaux sur lesquelles
elles devaient naviguer. C'est là que se façonnaient
ces embarcations en écorce de bouleau, peut-être
plutôt canots que pirogues, pouvant cependant se
ranger parmi celles-ci en raison de leur légèreté et
de leurs formes. De tout ceci, il reste peu de chose,
les populations indigènes ont disparu refoulées,
dispersées par les civilisés, il n'en est plus que de
rares échantillons, n'ayant que bien peu conservé
ce que leurs pères leur avaient enseigné en industrie. A quoi bon, du reste, creuser des pirogues
quand des milliers de bateaux à vapeur sillonnent
lacs et rivières.

Si l'Amérique du Nord moderne a vu dispa-
paraître la pirogue, en France, au contraire, elle
s'est conservée. Il est vrai que c'est en pays Basque
qu'on la retrouve, et l'on sait que la race qui y vit
a tout aussi bien gardé que sa langue une bonne
partie de ses coutumes. Le fait est assurément
digne de remarque. Sur l'Adour et particulièrement sur la Nive, on peut voir de véritables pirogues, et ce qu'il y a vraiment de très singulier,
ainsi que nous le disait l'amiral Paris, le savant
directeur des musées du Louvre, c'est de retrouver
en France, à la fin du XIXe siècle, des procédés de
confection aussi spéciaux dans leur sauvagerie.
Dans ces embarcations, on croirait voir des pirogues du Grand Océan, telles qu'autrefois, car on
n'en rencontre presque plus. Celles de la Nive, que

dans le pays on nomme *Hâlo* (fig. 14), ont, dans
leur navigation, à remonter des rapides appelés
Nasses, tout comme celles du Canada. De Cambo
à Ustaritz, on trouve cinq nasses, et leur descente
est devenue, dans ces dernières années, un
agréable passe-temps auquel se livrent bon nombre de touristes. On éprouve, en effet, une certaine jouissance à se sentir lancé avec la rapidité
d'une flèche sur un courant en pente qui coule

Fig. 14. — Hâlo, pirogue de la Nive, remontant une nasse ou rapide.

lui-même avec une vitesse considérable. A la première descente, au moment où la pirogue va
s'engager au haut du rapide, on éprouve peut-
être quelque émotion ; mais à la seconde, la sen-
sation n'a plus rien que d'agréable. Les Hâlos
d'Ustaritz, qui sont surtout destinés à approvisionner de grains les moulins de cette localité,
vont les chercher à Bayonne et y reportent les
farines. Ils sont assez allongés ; plus haut, dans la
rivière, on les trouve beaucoup plus courts, ne

servant qu'aux passages d'une rive à l'autre; l'aspect de ceux-ci est bien celui de la pirogue commune; les autres ont quelque chose des pirogues de guerre du golfe de Guinée. Que l'on se hâte si l'on veut voir les derniers spécimens de ces embarcations, qui sont demeurées telles qu'elles étaient aux premiers âges de l'apparition de l'homme en ces régions. Le chemin de fer qui suit les bords de la Nive sera bientôt terminé, et alors il est bien probable qu'elles disparaîtront. C'est regrettable au point de vue du pittoresque. Le paysage s'animait d'une façon bien originale quand, de cette gorge si resserrée du Pas de Roland, apparaissait, à un des coudes de la rivière, un Hâlo portant sur l'autre bord une vache ou un cheval; il y avait là matière à faire naître bien des illusions.

Les pirogues de l'Adour, auxquelles on donne actuellement le nom de *Chalands*, diffèrent dans leurs formes de celles de la Nive, tout en conservant l'allure du type monoxyle. Elles ont, sur leur extrémité avant une petite voile fort originale (fig. 15).

Il faut peut-être ranger parmi les pirogues un flotteur bien moderne, la périssoire; il y en a de plusieurs sortes, mais elles sont à peu près toutes manœuvrées par des pagayes, ce qui les range dans cette catégorie. Elles n'ont guère d'autres destinations que la course en régates.

Il existe enfin, en France, une sorte d'embarcation que l'on pourrait, à la rigueur, ranger parmi les pirogues : c'est le petit esquif particulier au Doubs, et qu'on y nomme *Arlequin;* est-ce parce que, sur cette rivière rapide, aux méandres nom-

Fig. 15. — Chaland de l'Adour (Pirogue).

breux, il subit de rudes secousses qui l'agitent vivement, qu'il est ainsi appelé ? Il est, en effet, d'autant plus remué et ses mouvements sont d'autant plus imprévus qu'il est fort léger : quatre planches suffisent pour le construire. On l'apprécie beaucoup sur les rives du Doubs ; parmi tous les services qu'il peut rendre, on compte sans doute qu'il doit aguerrir ses nautonniers contre tous les périls que présentent des remous de courants trop fréquents, conséquemment des naufrages souvent répétés, ce qui crée nécessairement d'habiles nageurs.

CHAPITRE III

LES EMBARCATIONS

Embarcation est un terme qui s'applique à une multitude de formes : c'est en quoi on embarque, c'est ce qui sert à embarquer ; son usage est aussi multiple que ses formes. Celles-ci sont presque toujours appropriées aux exigences des services qu'elles doivent rendre, comme à celles qu'imposent les conditions de mer, de côtes, au régime des courants des pays auxquels elles sont propres. Elles dépendent aussi quelque peu du caractère de ceux qui s'en servent et les construisent. Enfin des capacités industrielles des peuples auxquelles elles appartiennent et des matériaux dont on peut disposer pour les construire.

La transition de la pirogue à l'embarcation ne s'est point produite comme un progrès ; elle est due au besoin de substituer à la première, lorsque les éléments de construction de celle-ci manquaient, un flotteur pouvant rendre les mêmes services. Le piroguier, ne pouvant trouver l'arbre qui lui

était indispensable, eut l'idée de réunir, sous une
forme analogue, des pièces de bois, en petit nombre
d'abord, qui devinrent peu à peu plus nombreuses et qui finirent par être façonnées pour
obtenir les courbures les plus propres à assurer la
stabilité et la vitesse. C'est ainsi qu'en marchant
d'abord en tâtonnant, la science de l'architecture
navale prit naissance. Dans le principe, ce fut l'observation qui la guida ; aujourd'hui elle est soumise
à des lois qui résultent du calcul.

Fig. 16. — Toue.

La *Toue* paraît être la plus simple et une des
premières embarcations qui furent construites ; à
proprement parler, ce n'est qu'une caisse à quatre
côtés dont un des petits est incliné ; elle ne possède aucune autre qualité nautique que la stabilité.

Sur l'Unkarje, dans l'Inde centrale, on se sert
d'une sorte de Toue (fig. 16), dont l'une des
extrémités est relevée, ce qui permet de la faire
accoster facilement sur une rive inclinée.

L'*Acon* ou *Pousse-pied* fut imaginé pour la
chasse aux oiseaux de mer qui venaient chercher
une proie abondante dans les parties vaseuses mises
à nu par le jusant. Il s'agissait d'y tendre des

filets maintenus dans une position verticale par des pieux enfoncés dans la vase, et qui devaient être visités à mer basse afin de s'emparer des proies demeurées emmaillées. Impossible de s'y rendre de plein pied, on eût été infailliblement englouti dans la masse à demi fluide qui formait la vasière. L'Acon fut imaginé. Le chasseur, à cheval sur le plat-bord, agenouillé d'une jambe sur le fond de son pousse-pied, l'autre en dehors, pousse en effet avec le pied de celle-ci, qu'il appuie sur la surface demi-solide, demi-liquide, et de cette façon il imprime au bateau l'impulsion qui est nécessaire pour qu'il aille de l'avant. Lorsque la culture des Moules devint une industrie importante, l'Acon fut en même temps un instrument indispensable à son exploitation.

Le *Dromon*, qui n'armait, paraît-il, qu'un seul aviron, aussi bien que le *Pamphile* sur lequel on en employait deux, sont également des embarcations qui peuvent être considérées comme des premières qui furent construites.

De nos jours, parmi les plus simples, on doit ranger le *Bachot*, qui sert d'embarcation de service aux grands bateaux de charge naviguant sur les rivières. Il sert également sur celles-ci aux pêcheurs, leur très faible tirant d'eau permettant de le faire passer partout, et sa légèreté n'exigeant que peu d'efforts pour le faire marcher, toutes choses le rendant d'une grande utilité. On les trouve aussi sur bien des étangs et même sur les lacs. Cependant ils deviennent de plus en plus rares, l'amour-propre poussant ceux qui en usaient à les remplacer par quelque chose de plus à la mode.

On emploie beaucoup à Bayonne une petite embarcation à fond plat, que l'on pourrait presque regarder comme une toue perfectionnée, et que l'on nomme *Couralin;* elle est commode, et c'est avec elle que les pêcheurs du Boucau tendent les trémails que le courant entraîne, et dans lesquels viennent se prendre les saumons qui entrent dans le fleuve au commencement de chaque jusant ; à Bordeaux, on donne le nom de *Couralin* à un autre genre d'embarcation, qui tient quelque peu de la yole.

Dans la Garonne et dans la Gironde, on se sert quelquefois d'une embarcation légère de moyennes dimensions qui marche bien, et que l'on nomme *Filadière*. On en voit aussi dans la basse Dordogne. Elle sert surtout aux riverains pour leurs relations d'une rive à l'autre ; ils ont une filadière, tout comme ils ont une charrette.

La *Yole* est essentiellement légère, étroite en raison de sa longueur, ne pouvant servir par une mer un peu grosse. On en usait autrefois, à bord des bâtiments de guerre, comme d'une annexe aux canots des amiraux, des commandants et commandants en second, lorsqu'ils étaient officiers supérieurs. Elles ont à peu près disparu du service de la flotte.

Les Norwégiens ont une petite embarcation, le

Skiff[1], qui se rapproche quelque peu de la yole comme légèreté et service, mais qui en diffère par sa construction. Un seul homme suffit pour lui imprimer une assez grande vitesse, il lutte avec quelque avantage contre la mer debout ; son avant, qui est presque complètement hors de l'eau, le fait se relever sans présenter de résistance, ce qui fait que sa marche n'en est pas altérée.

Comme analogie à cette forme, il faut aller en

FIG. 17. — Caïque à Smyrne.

Turquie, à Constantinople, à Smyrne et autres ports ottomans, pour en rencontrer une, c'est le *Caïque* (fig. 17), quelquefois bien petit, en d'autres cas fort grand. Servant au pêcheur qui n'arme que deux avirons en couple, un peu plus fort s'il sert de bateau de passage, et devenant considérable et splendide s'il est destiné au sultan, aux sultanes ou aux pachas. Dans ce cas, le caïque est mis en marche par les efforts de seize à vingt ra-

---

[1] C'est peut-être de là que vient le mot *esquif*, terme général qui ne précise aucun type.

meurs. On peut remarquer à Lisbonne, sur le Tage, une embarcation de pêche, *Serveira*, qui, pour la forme, se rapproche beaucoup des caïques, son avant et son arrière élégamment relevés en une courbe gracieuse la rendent aussi coquette que sa sœur du Levant.

Les influences du progrès se sont fait sentir aussi bien dans la construction des embarcations que partout ailleurs. On a imaginé d'établir des canots dont les parois sont en toile ou en caoutchouc, et qui sont fixés sur une membrure à ressorts en acier, ils n'occupent qu'une place insignifiante lorsqu'ils sont repliés, et, comme ils ne coûtent pas cher, on pourrait, à bord de chaque navire, en embarquer un assez grand nombre, suffisamment pour assurer le sauvetage de tout l'équipage, et de tous les passagers. Avec quelques modifications, il serait facile de les rendre insubmersibles, d'en faire non seulement des engins pour s'échapper du bâtiment qui sombre, mais en même temps quelque chose comme des bouées de sauvetage.

L'exemple à suivre était donné par les canots nommés *Kaiaks*, que construisent les Esquimaux, en se servant d'os de baleine pour la membrure, qu'ils revêtent de peaux de phoques; la partie vide est recouverte d'un cuir souple dans lequel se trouve ménagé un trou par lequel le pêcheur fait entrer la partie inférieure de son corps. Une fois assis sur un banc solidement fixé au dedans, il serre le cuir au moyen d'une coulisse, autour de sa taille, et, quelle que soit la quantité d'eau que projettent les lames qu'il affronte, pas une goutte d'eau ne pénètre à l'intérieur de son kaïak. Il est destiné à ne porter qu'un homme, et n'a que cinq à six mètres de long.

Ces mêmes peuples construisent aussi, d'après les mêmes procédés, des embarcations de bien plus grandes dimensions qu'ils nomment *Umiack* Elles bordent au moins six avirons et ce sont les femmes qui les arment et qui vont à la pêche, sans se soucier de la dureté de la mer, qui est bièn fréquemment mauvaise sur les côtes peu favorisées de leur pays.

Dès les temps les plus reculés, ce mode de construction était employé, les bateaux qui descendaient d'Arménie à Babylone étaient de forme ronde. Ce qui leur tenait lieu de membrure était façonné avec des branches de saule recouvertes avec des peaux d'animaux. Il y en avait d'une très grande capacité, pouvant porter une grande quantité de marchandises, et, comme ils ne pouvaient remonter les courants du fleuve, on les démolissait après leurs déchargements. Les Égyptiens se servaient aussi de bateaux analogues, mais bordés de feuilles de papyrus au lieu de cuir, pour faire la pêche et pour naviguer sur les plaines couvertes par le Nil lors des inondations.

De nos jours, on trouve encore des flotteurs établis exactement de même en Irlande, où on en voit de ronds affectés à la pêche sur les rivières, ils sont nommés *Corach* ou *Currach*. On se sert également de pareils bateaux dans le pays de Galles, et un

FIG. 18. — Corach, bateau de pêche du pays de Galles, d'après un croquis de M. Fryer du « *Board of Trade* ».

homme peut, sans gêne et sans fatigue, transporter sur son dos le principal instrument de la pêche qu'il va faire sur une rivière dont le cours est par-

semé de cascades et de chutes. Le pêcheur peut
les franchir en les contournant à terre, son bateau
sur l'épaule (fig. 18).

En Sibérie, sur la rivière Yenisei, il existe des
bateaux dont les formes sont particulières, aussi
bien que les détails de leur construction. Ils sont
presque toujours armés par des femmes qui manœuvrent des avirons de forme antique, leur nom
est *Barké* et *Sydove* (fig. 19).

FIG. 19. — Bateau de passage et de pêche, sur l'Yenisei. Sibérie.

Les Samoyèdes sur l'Obi et les autres rivières
de leur pays se servent de bateaux grossièrement
construits, mais assez solides, dont l'avant se prolonge démesurément. Ils sont à fonds plats et
peuvent s'échouer sans inconvénients, sur l'arrière
une sorte de rouffle abrite les logements. Ils ont
un seul mât placé bien de l'arrière (fig. 20).

On ne saurait guère dire à quelle époque reculée
les Basques commencèrent à pêcher la baleine,

mais on peut croire que cela remonte fort avant
dans les âges. Ce sont eux assurément qui furent
les premiers assez hardis pour oser attaquer ces
énormes cétacés paraissant dans l'eau encore plus
monstrueux qu'ils ne sont réellement. Autrefois,
le golfe de Gascogne était fréquenté par de nombreuses baleines, et les captures opérées par les
riverains de la côte entre l'Adour et la Bidassoa

FIG. 20. — Bateau de Samoyèdes.

étaient si considérables que les ossements de ces
cétacés formaient les clôtures de tous les champs
et jardins de la contrée : on s'en servait même
parfois comme pièces de charpente, et les vertèbres
servaient souvent de siège. Cette pêche qui n'est
pas toujours commode, et qui présente bien des
périls, devint pour le Basque le sujet d'une étude,
et l'expérience lui suggéra quel genre d'embarcation devait être le plus propice pour l'exécuter. Ce
fut ainsi que la baleinière prit naissance, elle se

perfectionna et tous les navires baleiniers n'en ont point d'autres : il faut qu'elle marche bien, qu'elle manœuvre facilement, qu'elle évolue lestement, et, pour qu'elle gouverne mieux, on se sert d'un aviron que l'on nomme *aviron de queue*. Une bonne baleinière est un instrument précieux, que l'on ne confie qu'à des hommes expérimentés et dont on est sûr. Il faut, en effet, lorsqu'on attaque la baleine et surtout le cachalot, être très attentif à ne pas laisser l'embarcation exposée à recevoir un coup de queue qui la ferait sauter en l'air avec tout son équipage. Lorsque l'animal a été frappé du harpon, il est nécessaire que la baleinière s'écarte vivement en sciant, c'est-à-dire en manœuvrant les avirons pour qu'ils impriment un mouvement de recul, il faut enfin que l'officier qui dirige puisse à tout instant être certain que les ordres qu'il donnera, suivant les incidents qui se présentent, soient promptement exécutés. On le comprend, pour qu'il en soit ainsi, il doit commander à des hommes expérimentés, vigoureux, courageux et ayant du sang-froid, comme il est indispensable qu'il en ait lui-même. Et si l'on songe que de nos jours c'est vers les pôles qu'il faut aller chercher les baleines, on concevra combien ces qualités doivent être bien trempées, alors que la rigueur de la température pourrait bien les émousser.

Les baleinières sont des embarcations dont les services ont été reconnus tellement supérieurs que, pendant le blocus de Buenos-Ayres par une escadre française en 1842, les contrebandiers qui approvisionnaient cette ville s'en servirent pour échapper à la surveillance des croiseurs et de leurs embarcations. Leurs succès inspirèrent l'idée de les employer pour la poursuite, et bientôt l'escadre eut une flottille de baleinières, qui, armées en guerre, mirent rapidement fin aux infractions du blocus et le rendirent très effectif. Depuis cette époque, la baleinière a remplacé une certaine catégorie de canots à bord des bâtiments de guerre français.

Le *Canot* est presque un terme générique, il y en a en effet de plusieurs espèces et généralement ils sont destinés au service des bâtiments de commerce et de guerre. Ceux-ci en emploient un nombre plus considérable et ils y sont dénommés d'après l'usage auquel ils sont destinés. Il y a le canot de l'amiral, le canot du commandant, celui du commandant en second, de la majorité, celui de l'état-major, dit canot-major, le grand canot, le canot moyen, le petit canot. C'est ordinairement ce dernier dans lequel embarquent chaque matin le commis aux vivres, les maîtres d'hôtel et les cuisiniers qui vont à terre faire les provisions[1]. En d'autres temps, il est employé aux services qui se présentent et qu'il est apte à remplir. Ainsi qu'on le voit et en y ajoutant la *Chaloupe*, la série

---

[1] C'est ce qui fait que les matelots, dans leur langage si souvent imagé, le désignent sous le nom de *poste aux choux*.

d'embarcations appartenant à un grand bâtiment peut former une véritable escadrille, car chacune d'elles peut être armée en guerre, recevoir canons, fustils, pistolets, sabres, haches d'abordage et en même temps un supplément d'équipage. Une telle flottille n'est cependant pas capable d'être employée à de sérieuses opérations, on s'en sert pour opérer un débarquement en des lieux peu défendus, sous la protection des feux des bâtiments auxquels elle appartient. Après un succès de ceux-ci sur une ville et des forts, comme à la Vera-Cruz après la reddition de Saint-Jean-d'Ulloa, à Mogador, à Obligado, etc., pour capturer de petits bâtiments pirates ou négriers dont l'abordage en cas de nécessité ne présente pas de grandes difficultés. A bord des navires de guerre l'équipage d'un canot le personnifie en quelque sorte. Ainsi si le grand canot revenant de corvée doit repartir pour une nouvelle mission, l'officier de quart commande : Le grand canot restera armé. Mais le maître de quart après avoir donné le coup de sifflet particulier désignant cette embarcation se penchant en dehors du bord commande à son tour : Grand canot reste armé !

Les *Youyous* sont de très petits canots n'armant guère que deux avirons ; ils rendent pourtant une infinité de services, porter le vaguemestre à terre ou à bord d'un bâtiment arrivant ou partant, de faibles amarres sur un quai, sur une bouée, en larguer lorsqu'elles deviennent inutiles, sonder autour du bâtiment si cela est nécessaire et mille autres choses. Toujours rapidement armé, donc toujours prêt, il sert à tout moment, c'est le serviteur du bord le plus employé. Les navires de guerre anglais ont l'analogue du *Youyou*, c'est un petit canot très maniable qu'ils appellent *Gig*.

La *Chaloupe* est une forte embarcation en état d'être employée à de forts travaux. C'est avec elle qu'on va faire à terre des vivres de campagne, vin, farine, biscuit, viandes salées, légumes, etc. C'est elle qui est envoyée aux aiguades pour remplir ses barriques d'armement qu'elle amène à bord et que l'on vide dans les caisses en tôle arrimées dans la cale. Si en virant sur l'ancre une chaîne se casse, c'est avec la chaloupe munie de fortes caillornes qu'on relève cette ancre, qu'une autre fois la même chaloupe, l'ayant ce qu'on appelle « en cravate », ira la mouiller sur un point désigné afin que le navire puisse se hâler dessus. Armée en guerre, elle porte une caronade de 18 sur l'avant, une de 12 sur l'arrière et des pierriers sur les plats-bords. Les chaloupiers sont choisis parmi les hommes les plus grands et les plus forts du bord, c'est indispensable, les avirons qu'ils doivent manier étant lourds et allongés. Si l'on envoie des permissionnaires à terre, c'est dans la chaloupe qu'ils s'y rendent et qu'ils rentrent à bord. C'est elle aussi qui sert au débarquement des troupes passagères. Elle est souvent fort utile pour porter secours à un bâtiment en danger.

Le grand canot est un auxiliaire de la chaloupe, on l'emploie de concert avec elle dans certains travaux et pour quelques services elle l'a supplée au besoin.

On embarquait la chaloupe, lorsqu'on prenait la mer et on la plaçait entre le grand mât et le mât de misaine, ses bancs enlevés permettaient d'introduire au dedans d'elle le grand canot qui recevait à son tour le moyen canot, puis le petit canot et le youyou pour finir. Les autres embarcations étaient suspendues de chaque côté du navire sur des bossoirs, porte-manteaux ou pistolets placés vers le mât d'artimon et sur l'arrière. A bord des bateaux à vapeur, la machine et les chaudières ayant changé la disposition du pont, on ne peut embarquer de chaloupe, on la remplace par deux grands canots hissés sur des bossoirs. Sur les bâtiments à aubes, on avait fini par recouvrir les tambours avec ces deux grands canots renversés en leur donnant des formes aptes à cette position. Les autres embarcations étaient des baleinières.

On nomme *Bot* ou *Boat*, une toute petite embarcation, mais plus particulièrement celles appartenant à un petit yacht, une chaloupe de pêche ou de pilote, un très petit caboteur.

En espagnol, le mot chaloupe se traduit par *lancha*, mais cette expression ne s'applique pas toujours à l'embarcation dont il vient d'être question comme devant appartenir au service d'un bâtiment. Sur la côte du Guipuzcoa, on appelle

Lancha de grandes chaloupes de 20 à 25 tonneaux non pontées et qui font le cabotage, elles ont un équipage assez nombreux, car, quoique bien voilées, elles usent des avirons en cas de calme.

Les *Gondoles* sont de fines embarcations d'une physionomie tout à fait particulière; elles appartiennent en propre à Venise, la ville des canaux. On en a tant parlé dans l'histoire et le roman que tout le monde sait à quoi s'en tenir sur leur compte.

Les *Péniches* sont de longues embarcations légèrement construites, établies pour être rapides, elles arment pas mal d'avirons, on s'en servait pour faire la contrebande. Les pilotes du Havre en avaient pour se rendre à bord des navires qui arrivaient en vue du port sans avoir rencontré au large un bateau pilote qui leur en aurait mis un à bord. Lorsque Napoléon organisait à Boulogne les préparatifs d'une descente en Angleterre, parmi les embarcations de la flottille on avait introduit un certain nombre de grandes et fortes péniches qui portaient un canon sur leur avant.

Les Flibustiers et Boucaniers qui, au XVIe et au XVIIe siècle, firent tant de mal aux Espagnols dans les mers des Antilles, se servaient de grandes péniches. Non seulement elles s'élançaient d'une crique, où, bien cachées, leur présence n'était pas soupçonnée, sur le navire qui passait en vue, rapides et à peine élevées sur l'eau, elles le prenaient à l'abordage souvent avant qu'il ait reconnu le danger qu'il courait. Lorsqu'une de ces entreprises, dont l'exécution était toujours d'une hardiesse inouïe et qui donnait lieu à des épisodes merveilleux, à des coups d'audace incroyables, devait avoir lieu, les chefs réunissaient le nombre d'hommes jugés nécessaires, on s'embarquait sur les péniches et on se dirigeait sur la côte ennemie. Elles pénétraient dans le port, dont il fallait détruire la richesse, sans s'inquiéter des canons de ses remparts, on prenait la ville d'assaut tout comme un navire abordé, et après l'avoir ruinée. Les péniches, remorquant souvent les galions, ramenaient les Boucaniers aux ports avoisinants leurs terrains de chasse. Carthagène, Maracaïbo, Porto-Cabello, se souviennent encore des coups de main, qui, comme des coups de foudre, tombaient sur elles et, même après le pillage, les mettaient encore à contribution [1].

Aux alentours du cap Matapan, les découpures de l'extrémité sud de la Morée, les nombreuses criques qui s'enfoncent derrière de hauts rochers sur les côtes des îles de l'Archipel, servaient de refuge ou plutôt de repaires a une foule d'embarcations allongées, ras sur l'eau, pouvant porter un grand nombre d'hommes et, sauf quelques modifications de l'arrière et de l'avant, pouvant être considérées comme des péniches. Des points escarpés qui se trouvaient à l'entrée de ces baies, de quelques bourgades dominant une vaste étendue

---

[1] Nous verrons plus loin des péniches d'une autre sorte.

de mer, sans cesse des sentinelles au guet surveillaient l'horizon et lorsqu'un navire était signalé et
reconnu pour n'être qu'un commerçant peu en
état de se défendre, les longs bateaux se remplissaient de monde, chacun portant ses armes de
combat. Maniant supérieurement les longs et nombreux avirons de la péniche, son équipage lui
imprimait une grande vitesse et le pauvre bâtiment poursuivi échappait rarement aux pirates qui
n'abandonnaient la chasse que lorsqu'aucune
chance de l'atteindre ne leur restait. Accostant
vivement, ils s'accrochaient à toute saillie en
dehors du navire, prenaient bientôt pied sur son
pont et s'ils rencontraient quelque résistance, elle
ne pouvait être de longue durée, leur nombre
étant toujours bien plus considérable que celui des
marins qu'ils attaquaient. Pendant bien longtemps
cet état de choses dura et la guerre que les Grecs
firent aux Turcs favorisa singulièrement la piraterie dans ces parages ; il n'en est plus question
aujourd'hui.

Une situation semblable avait pour théâtre un
point de la côte nord du Maroc, tandis que, dans
les ports, les Barbaresques armaient de fins voiliers pour courir sus aux navires de la chrétienté.
non loin des îles Zafarines, au cap des Trois-
Fourches, se trouvait un repaire de pirates bien
plus dangereux encore que les pirates grecs. Les
rochers singulièrement tourmentés qui constituent
cette partie du littoral et plus particulièrement le

cap, ont dû être projetés avec une grande force, et en recouvrant la partie de mer où ils sont tombés ils ont laissé de nombreux espaces vides qui forment des grottes s'enfonçant au loin vers l'intérieur des terres. Dans ces cavernes, communiquant facilement avec la mer, une foule d'embarcations aux formes ayant quelque analogie avec celles de l'Archipel, se tenaient constamment à l'affût et, aussitôt qu'un bâtiment apparaissait, elles s'élançaient sur lui, le capturaient fréquemment et enmenaient les malheureux captifs qu'ils faisaient, les égorgeaient sous les voûtes où ils s'abritaient ; ces embarcations étaient nommées *Carabas*.

Fig. 21. — Minaïga.

En Corse, parmi les bateaux qui ne peuvent être compris comme Caboteurs, étant d'un tonnage trop restreint, se trouvent : la *Felouque*, *Filuia*, et le *Minaïgo*, *Minaïga* ou *Menaïca* (fig. 21), ayant une grande antenne portée sur un mât très incliné vers l'avant, puis la chaloupe *Lancia*.

CHAPITRE IV

LES EMBARCATIONS DE PÊCHE

Une forme, qui se rapproche de la Péniche, en raison de sa longueur et de son peu de largeur relative, de sa légèreté et de la rapidité de sa marche se voit en la *Trainière*, type du fond du golfe de Gascogne. Elle arme quelquefois jusqu'à douze avirons (fig. 22). On la voile avec une grande voile dont la surface est relativement considérable et qui se hisse sur un mât très incliné en arrière, sur l'avant ou plutôt sur l'étrave une toute petite misaine. On s'en sert sur les côtes des Basses-Pyrénées, du Guipuzcoa et des Asturies, où elles font la pêche du thon et de la sardine, la première plus particulièrement dans les Asturies. Le nombre des Trainières y est considérable.

Nous nous sommes trouvé un jour au milieu d'une véritable flotte de Trainières, faisant cette pêche aux environs de Santander, nous pûmes en compter plus de cent, et il y en avait encore d'autres, car nous en découvrions à chaque ins-

FIG. 22. — Trainière à la pêche de la sardine.

tant de nouvelles, à mesure que nous avancions vers l'est. Toutes avaient de longues gaules, une à tribord, l'autre à babord, sur lesquelles les lignes viennent se genopper au moyen d'un fil à voile peu solide (fig. 23); le poisson pris, cette bosse cassante se rompt et le pêcheur est ainsi averti qu'un poisson est accroché à l'hameçon, le bout de la ligne étant fixé sur le plat bord, il sait qu'elle est celle sur laquelle il faut haler, puisqu'elle n'est plus genop-

FIG. 23. — Pêcheurs de thon sur la côte des Asturies.

pée, et il la rentre amenant en même temps le thon que tient captif un fort hameçon solidement fixé sur un fil de laiton, que les dents de la victime ne peuvent couper. Cette pêche est parfois si abondante que les pêcheurs ne peuvent vendre tous les thons qu'ils ont pris. Nous avons vu à Santander, plus de trente trainières chargées à couler bas du produit de leur pêche, et qu'elles étaient obligées, faute d'acheteurs, d'abandonner pour être répandus comme engrais sur les champs. Ce qui n'empêchait pas que le lendemain ces mêmes trainières retournaient à la mer et recommençaient la même pêche.

La pêche du thon se fait également dans le golfe de Gascogne par de grands bateaux pontés du port de la Rochelle (fig. 24) ; ils sont à peu

FIG. 24. — Pêcheur de la Rochelle rencontré à 80 milles au large par le *Travailleur*, en 1882.

près les mêmes que les chaloupes des pilotes de la Gironde dont il sera question plus loin.

Les bateaux de pêche les plus simples, nous en avons déjà parlé, ce sont les *Currach* d'Irlande et du pays de Galles, puis les *Kajacks* des peuples des mers boréales, et qui y sont employées pour la pêche ; il en est d'autres, les *Umiaks* qui ont jusqu'à 15 et 16 mètres de longueur, et 1^m,50 de large, et qui sont manœuvrés par des femmes ne craignant pas d'affronter les dangers que présentent la poursuite et la capture des grands animaux marins et celle moins périlleuse des oiseaux de mer. La carcasse des Umiaks est en os pris sur les captures et elles sont revêtues de peaux de phoques enduites de graisse. Au Groënland, ces embarcations font de longs voyages le long des côtes, elles sont alors escortées par des Kajaks.

En Irlande, depuis les temps les plus reculés, on se sert de bateaux de 20 à 30 pieds de long, sur 4 de large, dont la membrure se compose de cercles de barriques cloués sur de longues lattes servant et de lisses et de vaigrage. Au dehors ils sont recouverts de peaux tendues d'un plat bord à l'autre et que l'on goudronne fortement. Chaque homme manœuvre deux avirons légers dont la pelle est étroite. Ce type indigène nommé *Curragh* a l'avant assez relevé ; par beau temps il porte une petite voile. Ces bateaux flottent sur l'eau comme des bulles d'air sans presque la rider.

Les pêcheurs de Saumon d'une certaine localité en Irlande *(Ruin-Bague)* emploient une autre sorte de flotteur peut-être encore plus primitif et dont l'usage s'est conservé ; il est de forme hémisphérique, membré également avec des cercles de barriques, et recouvert en dehors avec des peaux de cheval ou de vache, il ne peut guère porter qu'un seul homme qui le manœuvre avec des pagayes.

Pour en finir avec ces sortes de flotteurs ainsi bordés de toiles ou de peaux, disons que l'on en voit aussi en Californie, et que dans ces derniers temps, ainsi que nous l'avons déjà dit, on a imaginé d'en établir avec une membrure en acier à ressorts, pouvant se replier et ne présentant plus dans ces conditions qu'une surface insignifiante, si l'on prend leur logement en considération, ce qui permettrait d'en embarquer un grand nombre sur tous les bâtiments ayant un nombreux personnel.

Revenons aux bateaux de pêche et pour les présenter avec quelque méthode, nous commencerons par ceux du Nord.

PÉCHEURS DU NORD

D'abord les bateaux des îles Shetland, des Orcades ou Orkneys, dont les plus grands sont des *Smacks*, qui pêchent la Morue : ils vont la chercher jusqu'au récif de Rockall, roche conique d'environ 10 mètres d'élévation, autour de laquelle on trouve de vingt à cinquante brasses d'eau. A une distance d'à peu près une encablure, dans le nord de la première, on en trouve une autre plus petite, plus basse puisqu'elle est couverte quelquefois. Ce banc de Rockall est très limité, ne s'étendant guère au delà d'un mille autour des rochers, il est très poissonneux, mais ce ne sont guère que les Smacks ayant pour équipages des hommes très hardis qui s'a-

venturent à venir y pêcher. Il est en effet dangereux de se trouver par mauvais temps dans un
voisinage aussi rapproché des récifs. Puis si par la
brume le bateau s'en éloigne il a beaucoup de
peine à retrouver le banc, aussi peu de pêcheurs
s'aventurent à tenter la pêche sur ce point.

Les Smacks, pêchant la morue, vont jusqu'aux
îles Féröe, en Irlande, et plus bas sur le banc de
Foula, situé entre l'île de ce nom et la côte de
Zélande ; c'est particulièrement à Lerwick que se
font les armements.

Les Shetlandais qui ont un grand goût pour la
mer et qui, par leur énergie et leur audace, se
montrent les dignes descendants des Normands —
ce dont ils sont très fiers — font la pêche à la ligne
avec des embarcations nommées *Yawls* ou *Haafs*,
semblables à celles des Norwégiens et qui ont
une grande analogie avec les baleinières, ils les
manœuvrent remarquablement bien et savent en
tirer tout le parti possible.

A Stornoway, aux Hébrides, on arme des Smacks
et des bateaux plus petits pour la pêche du hareng dans le Minch, la partie de mer comprise
entre les îles de la côte d'Écosse. Sur la côte orientale de ce pays, à Aberdeen, un grand nombre de
bateaux non pontés, et d'une forme appropriée au
service qu'ils doivent remplir font la pêche du
hareng ; on les nomme *Herring-Boats* (fig. 25).
On trouve encore, en Écosse, un bateau de pêche
particulier à Buckie, les *Buckie-Boats* ou *Scaffs*. Sur

la même côte de Flamborough à Holyisland, les riverains se servent d'un bateau qui en raison de

Fig. 25. — *Aberdeen herring Boat* (Pêcheurs de harengs d'Aberdeen).

sa construction peut se haler très facilement au plein. Ils ont une quille sur leur avant qui ne se prolonge guère que sur les deux tiers de leur lon-

gueur et sur la partie arrière qui est presque plate,
il s'en trouve deux de chaque côté de la première
et qui viennent se terminer à la hauteur de l'extrémité de celle-ci. Cette disposition leur permet,
lorsqu'on les hale à terre, d'avoir leur avant toujours en position convenable pour couper la lame.
On les nomme *Cobles* (fig. 26).

FIG. 26 — Coble, bateau de pêche de la côte Est d'Angleterre.

On les emploie aussi sur les lacs en Écosse,
ainsi qu'un autre type appelé *Keelboat*. On construit également à Londres pour les rivières et les
lacs un petit bateau *(Fishingboat)*, aux deux extrémités arrondies en pointes, excellent pour la pêche.

Plus bas ce sont les *Trawl-Boats* ou *Trawlers*,
bateaux chalutiers qui pêchent jusqu'à l'entrée du
Pas-de-Calais. A Yarmouth, comme l'entrée du
port est assez souvent dangereuse, on se sert pour
porter le poisson à terre lorsque les pêcheurs ar-

rivent de la mer, de bateaux que l'on appelle *Ferry-Boats*.

Le type de bateau de pêche particulier à Brighton est le *Hogboat* presqu'abandonné aujourd'hui, les pêcheurs de ce port sont actuellement gréés en lougres, leur grand mât est à bascule et s'abaisse lorsqu'on hale le filet à bord, mais seulement de façon à permettre aux hommes de passer sous lui sans difficulté; pour cela il repose sur un support convenablement placé à cet effet.

Aux environs de la Tamise et dans le fleuve même, on pêche les crevettes sur des bateaux spécialement affectés à cet usage que l'on nomme *Shrimpers,* on y voit également quelques petits *Trawlers*. Des *Barges* naviguent aussi sur la Tamise.

Sur la côte occidentale anglaise, comme type particulier aux environs de Southampton, on trouve l'*Ichten-River-Rig* ou *Southampton-Rig* (fig. 27), excellent bateau que l'on emploie quelquefois comme yacht. Les pêcheurs anglais se servent aussi du *Lugsail-Boat*, du *Yawl* ou *Dandy*, et de petites *Cutters* (Côtres), du *Sprit-Sail-Boat*, dont les voiles sont à livardes.

D'un usage général est le *Seanboat* ayant trente-deux pieds de long, avec une grande chambre pour y loger le filet; il est armé par huit hommes, six à la nage et deux pour manœuvrer le filet. Le *Towboat* est beaucoup plus petit; deux de ceux-ci assistent le Seanboat et portent d'ordinaire de petits filets supplémentaires. S'il n'a pas de Towboat, le patron de pêche emploie le *Lurker* ou *Volger*, dont il dirige tous les mouvements.

En Irlande, les *Hookers* de Kinsale ont été longtemps célèbres ; on les regardait comme d'excellents bateaux pour la mer et on les employait particulièrement à la pêche du maquereau. Ceux qui font la pêche du hareng à Wexford se nomment *Cotn*. Ils sont longs, étroits à leurs deux extrémi-

FIG. 27. — *Ichten-River-Rig.*

tés et tout à fait plats dans les fonds. Sur l'avant, ils ont un morceau de quille, un autre sur l'arrière et une fausse quille de chaque bord dans la partie plate. Ils ont, de plus, un driveur s'enfonçant à peu près de cinq pieds, dont ils usent quand il vente. Ainsi établis, ils sont en état de naviguer au milieu des nombreux bancs qui se trouvent aussi bien au dedans qu'au dehors de la baie de Wexford. Un autre bateau irlandais, le *Cot*, est long, étroit, à fond plat, marchant au moyen de pagayes, aussi bien de l'arrière que de l'avant. Les pêcheurs irlandais ont aussi des *Trawlers*, des *Luggers* (Lougre), des *Smaks*. Pour la pêche à la ligne, ils arment des *Skerries Whirry* avec deux mâts, des *Glothague* ayant grand voile, misaine et foc ; le même type, un peu plus petit, est appelé *Paokawin*, dans le nord des *Gribanes* ; enfin, le *Dronstheim* qui n'est autre que le type norwégien, se rapprochant de la baleinière et qui est un excellent bateau de mer.

Depuis un certain nombre d'années, comme progrès, on a construit des Smacks *(Welled Smacks)*, dont une partie de la cale est en communication avec la mer ; l'eau y pénètre et s'y renouvelle, de façon que, en y plaçant le poisson aussitôt après sa capture, on peut l'amener vivant jusqu'au lieu de vente. C'est ainsi que cela se voit à Londres au marché de Billingsgate.

Sur le Dogger bank, dans la mer du Nord, les Hollandais pêchent beaucoup, c'est surtout là qu'ils prennent les beaux harengs qu'ils font mieux saurir que les autres. Leurs bateaux, solides et bien marins, c'est-à-dire bien faits pour supporter les assauts de la mer, portent une grande voile enverguée sur corne et bordant en dedans du bateau, sur un guy, un tapecul et deux focs. En tout temps, on en voit sur ce banc qui est très poissonneux ; ils y pêchent également d'énormes morues qu'ils vont porter vivantes aux marchés de Londres (fig. 28 et 29).

Remontant en Norwège, nous y trouvons les

Pram boat, très larges embarcations à fonds plats, qui naviguent aussi sur les lacs (fig. 30). Sur la

FIG. 28. — Pêcheurs hollandais du Doggerbank.

FIG. 29. — Bateau de pêche hollandais.

côte nord, les bateaux les plus en usage sont ceux dont il a déjà été question, que les Anglais appellent *Yawl* (fig. 31) et qui a une grande analogie avec les baleinières. Dans la province de Drontheim, ce type se modifie : l'avant s'élance moins (fig. 32), mais le flotteur ne perd rien de ses qualités. Il n'est pas étonnant, du reste, que les rudes marins de ces régions, qui sont continuellement à la mer, si rude elle-même en ces parages, souvent même si violente, ne deviennent, par suite des assauts qu'elle leur livre, des matelots expérimentés. L'expérience qu'ils acquièrent ainsi leur montre les meilleurs moyens qu'ils ont à leur disposition, pour résister ; ils corrigent ce que leurs constructions ont de défectueux, adoptent ce qui leur paraît le plus avantageux, l'apprenant par les effets qu'ils observent et réalisent par leur étude des courants, des coups de mer, des calmes même, tout ce qui peut être obtenu de progrès. C'est ainsi qu'ils rendent l'outil principal, au moyen duquel ils gagnent si péniblement leur vie, le meilleur possible. Il faut encore citer les *Föringspram, Kog, Sjogte, Snekke*. Ce n'est pas seulement à la pêche que, dans le nord de la Norwège, on emploie les divers flotteurs que l'industrie des habitants est parvenue à perfectionner, on en use aussi pour faire, sur les lacs, la chasse aux nombreux oiseaux dont bien des espèces sont revêtues d'un duvet dont la vente est fort lucrative. Cette chasse a également lieu dans les Fjords, ces découpures qui déchiquètent le littoral en une infinité de dentelures bizarres et souvent profondément pénétrantes au

FIG. 30. — Pêcheurs sur les lacs en Norwège.

FIG. 31. — Bateau de pêche de la côte nord de Norwège.

FIG. 32. — Bateau de pêche de Drontheim.

sein des roches élevées qui les bordent. On emploie, en Suède et en Danemark, un bateau plat qui se nomme *Clincar*. En Russie sur les lacs et rivières on se sert pour la pêche d'un bateau appelé *Soïma*.

PÊCHEURS DU MILIEU DE L'EUROPE

Revenons vers le sud et parlons, avant d'aborder les côtes de France, des *Sprit Sail boats* de Guernesey, portant trois voiles à livardes et un foc. La voile à livarde, qui ne s'envergue pas, est hissée sur un mât au pied duquel un esparre suit la diagonale du quadrilatère de toile et se fixe, mais non à demeure ; il le développe, puis au moyen de l'écoute, la toile se trouve complètement tendue. Ce système est très avantageux par suite de la rapidité avec laquelle un seul homme peut se rendre maître de la voile, l'amener et la faire disparaître en un clin d'œil si l'on reçoit un grain ou dans tout autre cas.

En France, nous avons le *Houari*, qui est une petite embarcation légère portant une voile à livarde, le même nom lui est donné alors qu'elle porte deux, parfois trois voiles enverguées sur un mince espar faisant suite à un mât très bas sur lequel elles sont tenues par un transfilage ou des bagues. Pour s'en débarrasser, on n'a qu'à démâter, ce qui se fait d'une main, tandis que de l'autre on étouffe la toile, et c'est si rapide que la voilure semble escamotée.

Les bateaux de pèche du Pas-de-Calais et de la Manche sont gréés en côtres sans flèche, en côtres Dandy (fig. 33 et 34), qui se distinguent du côtre

FIG. 33. — Côtre Dandy ou côtre à tapecul. Pêcheurs du nord de la France.

FIG. 34. — Chalutier de la Manche.

normal, en ce qu'ils portent un tapecul. On y voit aussi des *Bisquines* ayant un grand taille-vent, un tapecul et un foc, et qui diffèrent de celles de la Belgique et de la Hollande (fig. 35 et 36).

Pour la petite pêche, on se sert de canots construits d'après les goûts et suivant les idées de ceux
qui doivent s'en servir. et il en est ainsi sur toute
la côte française de l'Océan.

Fig. 35. — Pêcheurs belges et hollandais et de la baie de Somme.

Fig. 36. — Pêcheur belge ou hollandais, gréé en bisquine.

Cherbourg avait une grande réputation pour la
construction des petites embarcations et surtout
des canots ; les charpentiers de ce port et ceux du
voisinage s'appliquaient à donner des finesses de

formes qui contribuaient à assurer une grande marche à tout ce qui sortait de leurs mains. Ils visaient à atteindre ce but d'une vitesse supérieure à toute autre, en vue de la contrebande que les marins du pays faisaient sur la côte d'Angleterre et plus particulièrement celle de l'eau-de-vie. On la transportait en petits barils sur ces canots bons coureurs qui, lorsqu'ils avaient mis les bateaux de

Fig. 37. — Picoteux, bateau de pêche de la baie de Seine.

la douane sur les dents, revenaient en des points désignés mouiller leurs chapelets de barils qui, bientôt après étaient repris par les riverains anglais associés comme contrebandiers ; ils s'aventuraient aussi à les débarquer par des nuits bien noires dans des baies d'où l'on était parvenu à écarter la surveillance, et qu'indiquaient des signaux de convention.

Les Cherbourgeois avaient également une très

grande supériorité dans la construction des Côtres ; nous en parlerons plus loin.

Au Hâvre, on remarque un *Chalutier*, qui diffère de ceux de la Manche, que l'on nomme *Platte* et qui a une voilure particulière ; puis, dans la baie de Seine, les *Picoteux*, portant un taille-vent qui borde sur un guy, un hunier et deux focs (fig. 37).

En Bretagne, les bateaux de pêche sont plus grossièrement établis, et dans leur voilure on remarque quelques nuances. A Loquivy et à Paimpol, ils sont courts, portent un foc, une misaine

Fig. 38. — Bateaux de pêche de Bretagne.

et un taille-vent bordant sur un guy ; à Lannion, ils n'ont pas de foc et le taille-vent n'est pas si grand que la misaine. Ceux de Camaret, dont l'avant est taillé pour fendre la lame et aussi pour lui résister, ne portent que taille-vent et misaine ; celle-ci est aussi la plus grande ; ils sont proportionnellement, moins voilés que les autres (fig. 38).

En rade de Brest, les pêcheurs de Plougastel désignés sous le nom de *Querors*, lorsqu'ils étaient au mouillage, installaient leur grande voile en taux, au moyen d'un ou deux avirons (fig. 39). Ils présentaient alors un aspect fort curieux et leur pittoresque était complet si, par hasard, un de leurs marins, avec sa grande cape blanche à capuchon, se montrait au dehors de l'abri. A Douarnenez, on note quelque différence dans la construction comme dans la voilure ; on y trouve aussi les *Homardiers* bretons qui, comme les *Swell smacks*, ont un vivier dans lequel on place les crustacés. Depuis quelques années, ils vont chercher homards et langoustes jusque sur la côte des Asturies, aux environs de la Estacca de Vares, à Viveiro et à

Fig. 39. — Pêcheurs de Plougastel.

chacun de leurs voyages, ils y prennent plusieurs milliers de ces animaux.

Dans le Morbihan, on retrouve un type qui est demeuré le même depuis les temps les plus reculés. C'est un flotteur appelé *Sinagot* qui fut employé par César et qu'il cite comme appartenant aux Vénètes. Rien de surprenant à ce que ce genre de bateau se soit perpétué avec toute l'intégrité de ses caractères, jusqu'à nous. Les marins de la rivière de Vannes, comme tous les autres Bretons, n'ont-ils pas conservé avec toute leur pureté, leurs mœurs, leurs usages, leur langage. On les entend encore cadencer les mouvements de leurs avirons en chantant les mêmes choses qu'au temps de César ; de pères en fils ils se sont habitués à exciter les mouvements de leurs bras par les mêmes paroles que celles qui rendaient le travail moins pénible à leurs aïeux, ce travail s'exécutant sur des bateaux si bien semblables à ceux de l'ancien temps qu'ils peuvent presque s'imaginer qu'ils sont d'alors. Ils éprouvaient encore, il y a peu d'années, cette satisfaction de se dire que rien de ce qu'ils tenaient de leurs pères n'était changé. Mais voici venir la fin du XIXe siècle, et la science aidant la civilisation, les vieilles coutumes s'en vont avec les idées qui se dirigent vers le besoin, ou plutôt la soif du progrès ; les *Sinagots* disparaîtront devant les canots mus par la vapeur ou l'électricité, et les échos des rivages du Morbihan ne répèteront plus les pittoresques chansons du matelot vénète. Est-ce un bien, est-ce un mal ? Pour nous, nous croyons que le bien est assez mélangé de mal.

La petite île de Groix, qui se trouve à l'entrée de la rade de Lorient, présente cette particularité que toute la population mâle passe sa vie à la mer. Dès l'âge de dix ans, les garçons embarquent comme mousses sur les chaloupes de pêche de leurs parents ; les vieillards eux-mêmes n'abandonnent le métier que lorsqu'il leur est impossible de le continuer ; les femmes seules demeurent sur l'île qu'elles cultivent. labourant, semant, récoltant, faisant, en outre, des filets. Vers Pâques, toute la flotte de l'île vient y passer une quinzaine de jours, puis retourne à la mer, se répandant sur tous les points où il y a chance de rencontrer les bancs de sardines ou de bons fonds pour chaluter ; et jusqu'à Pâques prochain, ce n'est que de loin en loin que ces hardis pêcheurs font une relâche de quelques heures en leur pays, au foyer de la famille à laquelle ils apportent l'argent qu'ils ont gagné. Les bateaux qu'ils emploient et qu'on nomme *Chaloupes de Groix*, sont solides et ont de grandes qualités ; elles se sont perfectionnées depuis quelques années. Nous les avons vus ne portant qu'une grande voile et une misaine souvent mal taillées ; aujourd'hui elles sont aussi pimpantes que celles de Belle-Ile, portant en plus qu'autrefois un tape-cul et un foc.

LES CHALOUPES

A Belle-Ile, les chaloupes qui font la pêche et le pilotage se sont ressenties d'un fréquent contact avec celles de Saint-Nazaire et de la Loire : elles sont devenues de coquettes embarcations, marchant bien, solides à la mer, en état de supporter de gros temps. En cette situation, les pilotes peuvent s'aventurer plus au large, à la recherche des navires rentrant en France, et les pêcheurs, non seulement peuvent sé livrer avec plus de chance de succès à leur industrie, surtout en allant plus loin à la recherche du poisson, particulièrement lorsqu'il s'agit du thon et du maquereau.

Ce genre d'embarcation est devenu d'un usage presque général sur toute la côte de l'Océan jusqu'à Arcachon. On la trouve à Noirmoutiers, à l'Ile-Dieu, aux Sables d'Olonne, aux îles de Ré et d'Oléron, dans les Pertuis, à la Rochelle. Mais c'est surtout dans la Gironde, dans les mains des pilotes de Pauillac, de Saint-Georges et de Royan, qu'elles ont acquis un degré de perfectionnement qui en font des flotteurs de choix. Non seulement ces marins ont cherché tout ce que le métier exigeait pour rendre leurs chaloupes les meilleures possible comme outils de mer, mais ils ont aussi apporté dans les emménagements un confortable dont leurs pères se souciaient fort peu assurément. Effet produit par le luxe qu'ils aperçoivent partout lorsqu'ils se trouvent sur un des riches paquebots fréquentant leur rivière.

Ces chaloupes de pêche et de pilotage, par leur nom, nous forcent en quelque sorte à une digression, en nous obligeant à épuiser le sujet sur les chaloupes. Ce que nous avons encore à en dire, c'est que ce mot est employé ou était autrefois employé pour désigner la plus grande embarcation d'un navire. La chaloupe d'un vaisseau était manœuvrée par dix-huit ou vingt rameurs, les hommes les plus forts de l'équipage ; elle servait à faire l'eau, les vivres, porter les ancres qu'on voulait mouiller au large du navire, secourir un bâtiment en péril ; en calme, elles servaient à remorquer. Celles des navires de l'État, armées en guerre, recevaient un supplément d'hommes et portaient deux caronades, une sur l'avant, l'autre sur l'arrière. Elles étaient en quelque sorte, lors de certains événements, une annexe du bâtiment auquel elles appartenaient. En rapportant quelques épisodes de la vie de certaines chaloupes, nous les ferons, croyons-nous, complètement connaître.

Peu de temps après la bataille de Navarin, la frégate *l'Astrée*, en station sur cette rade, envoya sa chaloupe en corvée ; elle était commandée par un aspirant, on disait *élève* en ce temps-là. Le mauvais temps survint avant son retour à bord : elle dérada et fut entraînée assez loin au large. Pendant deux jours, jouet des vagues, si elle ne fut pas engloutie, ce fut grâce à l'énergie, au sang-froid et à l'habileté de tous les hommes qui se trouvaient à bord. Le troisième jour, la mer se calma, mais la brume survint, et pas de vivres. Ce fut bientôt de terribles souffrances, puis le découragement qui anéantit les forces et l'énergie d'hommes, que les fatigues des deux jours précédents avaient épuisés. Le pauvre élève n'avait guère que seize ans ; cependant, surexcité par le sentiment du devoir et de la responsabilité qui mettait entre ses mains les existences de tout son équipage, il parvint à faire conserver un peu d'espoir à ses matelots qui, couchés sur les bancs, à leurs postes de nage, avaient tous les yeux fixés sur lui. La brume s'épaississait, et toute chance d'apercevoir la terre devenait de moins en moins probable. Tout à coup, un des brigadiers se lève comme poussé par un ressort : « J'entends une voix, » s'écrie-t-il ; toutes les oreilles sont tendues, et, peu d'instants après, un commandement en Italien se fait entendre. On hèle de la chaloupe, la voix qui y répond paraît s'être rapprochée, les questions et les réponses s'échangent et permettent à l'embarcation de se rapprocher d'un brick italien à bord duquel elle trouve un refuge. Il n'était pas trop tôt pour le bâtiment sauveteur d'opérer le sauvetage ; le mauvais temps l'avait fort secoué et il faisait eau de toutes parts, tant d'eau que son équipage n'était pas assez fort pour le maintenir à flot. Les matelots français, restaurés, vinrent en aide aux Italiens, et le lendemain de la rencontre, le brick, ayant la chaloupe à la remorque, entrait dans la baie de Navarin.

Pendant le blocus de Buenos-Ayres par l'escadre française, les bâtiments qui en faisaient partie étaient mouillés à Montevideo ; un seul petit navire stationnait au mouillage, au large de la première de ces villes, et dans les premiers temps, c'étaient les grandes embarcations de l'escadre qui faisaient le blocus. Elles croisaient pendant huit jours dans le vaste estuaire de plus de soixante lieues de large en moyenne, qui se nomme Rio de la Plata. Cette semaine passée à la mer, dans les chaloupes ou les grands canots non pontés, constituait de rudes corvées ; et lorsque soufflaient les pampères, coups de vent ainsi appelés parce qu'ils viennent du sud en traversant les Pampas, on demeurait trempé jusqu'au retour à bord de son bâtiment. Mais ce n'était pas tout : la force du coup de vent obligeait parfois à chercher un refuge dans quelque aroyos d'une rive ou de l'autre du fleuve ; on échappait ainsi au danger du naufrage, mais on s'exposait à tomber entre les mains des Gauchos de Rosas qui, cruels et sanguinaires, égorgeaient leurs prisonniers en les martyrisant. On ne peut guère comprendre comment les nations civilisées de l'Europe ont souffert pendant bien des années ce régime sanglant et barbare au moyen duquel l'infâme Rosas se maintenait au pouvoir.

Un jour que la chaloupe de la frégate *la Forte* était au blocus, commandée par notre pauvre camarade Wenzell, élève de première classe, elle reçut un pampère d'une violence telle qu'il se vit obligé de laisser porter à terre pour entrer dans l'aroyo le plus voisin. Arrivé à l'abri du vent, il fit hâler sa chaloupe le plus à terre possible, afin qu'elle ne souffrît pas du ressac, et se garda avec précaution, ordonnant péremptoirement à ses hommes de ne point s'écarter de l'embarcation. Il reconnut bientôt que toute sa poudre était mouillée et que ses canons, pas plus que ses fusils, ne pouvaient lui être utiles. Il fallait donc attendre avec patience le retour du beau temps et serrer sa ceinture, car les vivres eux-mêmes avaient été avariés par les lames que la chaloupe avait embarquées à chaque risée ou plutôt à chaque souffle plus fort de l'ouragan. Dans la soirée, un homme se présenta et déclara à Wenzell qu'il était français, qu'il exerçait la profession de boulanger et que, le lendemain matin, il apporterait du pain.

Comment connut-il la position exacte dans laquelle se trouvaient la chaloupe _la Forte_ et son équipage, on ne l'a jamais su. Mais le jour suivant, au lieu de pain, ce fut une troupe de cavalerie qui se présenta. Le traitre de la veille avait vendu ses compatriotes; et ce qu'il y avait de plus infâme, c'est que c'était un Français aussi qui commandait le régiment duquel avaient été détachés les soldats envoyés; le fait en a été nié, mais discuté, il n'en est pas moins resté accrédité dans la Plata. A l'approche des Gauchos, Wenzell s'arme de son fusil de chasse, seule arme dont les munitions pouvaient servir; il les somme de s'éloigner. Ceux-ci, intimidés d'abord par le sang-froid et la détermination d'un jeune homme qui a marché vers eux, reculent en effet; mais le voyant seul armé, ils s'enhardissent et viennent au galop décharger leurs carabines à trop bonne portée pour que leurs balles eussent de l'effet. Ce jeu dura assez longtemps, et notre héros eut l'occasion d'abattre quelques cavaliers; il reçut lui-même une blessure à une jambe et fut obligé de se mettre à genoux pour continuer son feu, qu'il fit durer jusqu'à l'épuisement de sa poudre, après avoir abattu un bon nombre des assaillants. Lorsque ceux-ci virent qu'ils n'avaient plus rien à craindre du redoutable fusil, ils se ruèrent sur les malheureux matelots sans défense et les massacrèrent ; un seul eut l'idée de ramper jusque sous les flancs de la chaloupe et put ainsi échapper à la mort. Quant au pauvre Wenzell, ils s'emparèrent de lui, l'enterrèrent dans le sable en laissant la tête en dehors, et elle devint un but sur lequel ils s'acharnèrent passant près d'elle au galop de leurs chevaux et la lacérant à coups de lances. Pourquoi ce fait n'est-il pas plus connu ? Cette mort héroïque de ce jeune officier ne devrait-elle pas être citée souvent, tout autant pour qu'on admire le courage avec lequel il lutta pour défendre son équipage, que pour vouer à l'exécration la barbarie et la cruauté de ces hordes et surtout celles de leurs chefs ? Ce fut le matelot miraculeusement sauvé qui rendit compte du drame, et l'enquête qui fut faite corrobora en tout son récit.

Lorsque la frégate *l'Atalante* se trouvait en rade de Rio-Janeiro, y ayant été envoyée pour assister au mariage du Prince de Joinville, auquel par parenthèse elle n'assista pas, sa chaloupe allait deux ou trois fois par semaine faire de l'eau dans la baie de Bon-Voyage. Elle partait du bord après le soleil couché et restait une bonne partie de la nuit absente. C'étaient de bien agréables corvées que celles-là, arrivé sur une plage de sable fin et doux

sous les pieds, le youyou établissait la communication entre le rivage et la chaloupe, on sautait à
terre et on opérait. L'air était embaumé par les parfums que répandaient les fleurs de toutes sortes
épanouies sur les plantes et les arbres, dans les
jardins à quelques pas de la mer, une légère brise
tempérait les restes de chaleur que le soleil du jour
avait répandu sur le sol, on vivait dans un milieu
délicieux. Il ne manquait aux hommes de corvée
qu'une chose qu'ils savent cependant trouver
partout, le verre de tafia qui fait leur bonheur,
mais en revanche on leur permettait de s'adresser
aux propriétaires des jardins voisins et moyennant
environ dix centimes, ceux-ci les autorisaient à
monter sur leurs orangers et à remplir de fruits
leur *fale*, comme ils disent, c'est-à-dire l'espace
compris entre leur poitrine et l'ampleur de leurs
vareuses. Oranges délicieuses, je ne sais si on en
trouve d'aussi bonnes ailleurs.

La mer était presque toujours calme dans la baie
de Bon-Voyage; cependant un soir il y eut un fort
ressac, la chaloupe fut jetée en travers de la plage,
il fallut avec le youyou aller demander une corvée
de renfort pour la remettre à flot.

Un jour, cette même chaloupe avait été envoyée
à l'eau à la pointe Yeguas, qui se trouve à quelque
distance en dessous du Cerro, la frégate se trouvait alors à Montevideo. Ce jour-là, j'étais élève de
corvée. Avant la fin de l'opération, un pampère
s'était élevé et le vent vint à souffler si violem-

ment et la mer devint si grosse, qu'il était impossible de songer à retourner à bord. L'année précédente, le grand canot de la corvette *l'Aréthuse*, surpris par un pampère en revenant d'une corvée, avait chaviré; tout son équipage avait été noyé, seul, l'élève qui le commandait avait réussi à réunir trois avirons, liés avec sa cravate, ils lui servirent à se maintenir à flot jusqu'au rivage où le courant le portait heureusement. Mais le rivage était hérissé de petites roches pointues sur lesquelles il aurait été broyé et déchiré si un Gaucho qui l'aperçut ne l'avait pas lassé et, à l'aide de son lasso, ne l'avait amené au plein en le détournant des points dangereux. En réfléchissant quelque temps, après avoir constaté qu'il fallait à toute force demeurer là où j'étais, je reconnus que la position n'était pas gaie. Oribe, pour le compte de Rosas, assiégeait Montevideo, des cavaliers erraient dans toute la campagne, quelques éclaireurs pouvaient nous tomber dessus et, dans leur haine stupide, des gringos (étrangers) nous faire un mauvais parti. Pour toutes armes, nous n'avions que nos avirons, et j'étais bien résolu de m'en servir, mes hommes, j'en étais sûr, se seraient défendus avec acharnement. Nous étions bien sous le canon du Cerro, mais qui sait s'il ne nous aurait pas fait autant de mal qu'aux Gauchos d'Oribe en tirant sur eux. Cependant, tout autour de nous la solitude, les saladeires qui n'étaient qu'à quelques mètres de la chaloupe, étaient depuis longtemps abandonnés, et pas une âme dans les environs, néanmoins il fallait se garder ; je posai une sentinelle et je défendis à mes hommes de s'écarter, leur faisant comprendre que, sans être en péril, nous devions cependant nous tenir sur nos gardes. La nuit vint, il fallut se passer de souper, elle fut assez désagréable, mais tranquille ; aucune alerte ne vint nous troubler. Au réveil, la faim se faisait déjà sentir, mais comme il n'y avait rien pour l'apaiser, il fallut bien prendre son parti, elle ne fit qu'augmenter à mesure que les heures s'écoulaient et la seconde nuit, nous eûmes à souffrir du froid, le vent ayant encore fraîchi, et l'absence de nourriture rendant ses piqûres encore plus sensibles. Blottis sous les voiles de l'embarcation, serrés les uns contre les autres, elle parut bien longue. Quand le soleil fut levé, pour nous dégourdir et nous étourdir s'il était possible, chacun arpentait l'espace que j'avais indiqué comme ne devant pas être franchi.

Absorbé par l'ennui profond que me causaient les souffrances que mes hommes enduraient, je m'étais un peu écarté de la limite assignée, scrutant l'horizon sur les eaux du fleuve, afin d'y chercher quelque indice au retour du beau temps, lorsqu'en me retournant j'aperçus à mes pieds une touffe d'herbe en fleur, et cette fleur, il me sembla la reconnaître, l'avoir vue dans mon enfance, elle me parut ressembler à celle de la pomme de terre. J'appelai le chaloupier le plus rapproché de moi et, à l'aide de son couteau, il eut bientôt mis à nu, hors du sable, quelques tubercules de la grosseur d'une noix. Quelle joie! c'était bien des pommes de terre! Comme les touffes de cette plante se montraient en abondance sur une certaine étendue, tout mon monde fut aussitôt agenouillé, tirant facilement, d'une terre sablonneuse, une vraie récolte de cette manne que le ciel, nous venant en aide, m'avait fait découvrir. Quelques planches arrachées au saladeire le plus voisin et qui servirent à faire un bon feu, nous mirent bientôt

FIG. 40. — Bateaux et allèges de la Vendée, canal des Hollandais et de Luçon.

à même de savourer l'excellent repas que les pommes de terre, quoique sauvages, nous fournirent.

Le lendemain matin, la violence du vent s'était apaisée, nous pûmes regagner la frégate mouillée bien au large des bords du fleuve.

En Vendée, on voit quelques types particuliers au pays ; ils sont établis pour naviguer dans des eaux peu profondes et leur avant, en demeurant plat, s'allonge en coin, disposition qui leur permet de suivre la pente du rivage pour l'accoster aussi avant que possible et leur permettre de mettre à terre très aisément tout ce qui compose leur chargement, c'est sur le canal des Hollandais qu'on trouve les plus grands (fig. 40).

Dans les Vosges, les rares pêcheurs qui sur la Moselle se servaient de flotteurs employaient des embarcations dont les dimensions variaient, suivant la localité où on s'en servait, assez allongées, à fonds plats, légèrement relevées aux extrémités, ressemblant à celles que dans quelques autres rivières on nomme *Bachots* ou *Barcots*. On les appe-

FIG. 41. — Tillioles.

lait *Nacelles*, nom dérivant sûrement de *Navicella*. On trouve des nacelles également dans quelques autres pays, on s'en sert sur les étangs pour y pêcher hors portée de terre, pour y chasser le canard et autre gibier d'eau, on en a aussi sur les pièces d'eau, dans des parcs ou jardins.

Signalons à Arcachon une élégante et fine embarcation, sur laquelle les pêcheurs ne craignent pas de s'aventurer à la mer, ce sont les *Tillioles*, nous en avons vu dans la Gironde, venant y vendre de gros esturgeons qu'ils avaient capturés à son embouchure (fig. 41).

Nous avons dit ailleurs[1] combien les marins de

[1] Voyez de Folin, *Sous les mers*, campagnes d'exploration du travailleur et du talisman. Paris, 1887.

Cap Breton étaient de hardis pêcheurs, et quelles étaient les embarcations dont ils se servaient, les *Pinasses*, dont le type est très particulier, les petits fonds en sont plats, se relevant de chaque bord en s'évasant, de manière à présenter une largeur notable, donnant la stabilité à l'embarcation, qui est très tonturée par suite des relèvements de l'avant et de l'arrière. Une particularité de leur construction à noter, c'est qu'au lieu d'être clouées en fer ou en cuivre, elles sont chevillées en bois. Ce sont d'excellentes embarcations, se comportant bien à la mer, se relevant surtout très bien sur la lame. Les lamaneurs et pilotes de l'entrée de l'Adour et les pêcheurs du Boucau ont quelques pinasses du même type que celles de leurs voisins, mais un peu plus petites ; elles sont assez commodes pour pêcher à la senne, sur les plages, aux environs du fleuve.

Pour la pêche du saumon, les mêmes marins préfèrent se servir de leurs *Couralins*, au moyen desquels ils font parfaitement dériver leur trémail après l'avoir élongé. Leurs *Traînières* sont employées au service du pilotage.

Celles dont les douaniers espagnols se servent dans la Bidassoa portent le nom de *Trincadoures*, qui leur est conservé jusqu'à Saint-Sébastien. Les chaloupes, *Lanchas*, des côtes de la Biscaye du Guipuzcoa et des côtes Cantabriques, quoique de dimensions assez fortes, ne sont pas pontées, elles font le cabotage entre les petits ports de cette partie du littoral espagnol, on les voit souvent à Bayonne, elles portent comme voiles un grand taillevent et une misaine, elles marchent aussi à l'aviron, et c'est pour cela qu'elles ont des équipages très forts.

CÔTES D'ESPAGNE

Sur la côte des Asturies, les *Lanches* d'un moindre tonnage sont employées à la pêche de la sardine [1], des homards et langoustes, elles ont des formes plus élégantes et moins lourdes que celles du Guîpuzcoa, et se rapprochent quelque peu des anciennes chaloupes de nos bâtiments de guerre. La pêche du thon et du maquereau se fait en ces parages, comme nous l'avons déjà dit, avec de grandes *Trainières*.

Au Ferol, on remarque une petite chaloupe tout à fait locale, très large tirant fort peu d'eau, presque un petit chaland qui porte une voilure assez originale et qui est particulière à cette vaste rade (fig. 42). Le mât sur lequel elle se hisse à son emplanture tout à fait sur l'avant de l'embarcation, il est très incliné sur l'arrière, presque de 45 degrés, la vergue peut bien être aussi longue que la lanche elle-même, et au lieu d'être appiquée sur

[1] Elles alimentent les nombreux établissements existant sur tout ce littoral, les sardineiros, où on prépare ce poisson en le pressant dans des sortes de bailles ou barils pour l'exportation. Mais cela ne suffit plus, elles doivent aussi fournir les fabricants de conserves à l'huile.

l'avant du mât, comme c'est ordinaire, elle l'est dans le sens opposé, de sorte que la ralingue de chute de l'amure est proportionnellement très longue, beaucoup plus longue que celle de l'écoute, celle-ci ne mesurant guère que la moitié de l'autre. Le point d'amure se trouve sur l'étrave et celui d'écoute sur l'arrière, la plus grande surface de voilure se trouve en conséquence sur l'avant. Ces embarcations servent surtout au transport de

Fig. 42. — Chaloupe du Férol.

marchandises, matériaux, etc., entre les divers points de la vaste rade du Ferol.

Les pêcheurs de la rade de Vigo se servent d'embarcations (fig. 43) dont les extrémités empruntent quelque chose à celles des baleinières qui doivent être considérées comme des types supérieurs desquels chacun tire ce qu'il croit propre aux parages où il navigue (fig. 44). Leur voile est comme celle des lanches du Ferol appiquée sur l'arrière, mais elle est enverguée sur une vergue proportionnellement petite, de sorte que c'est la ralingue de bordure qui domine l'amure se trouve sur l'étrave et comme le mât a son emplanture un peu plus en arrière, il s'en suit que la ralingue de chute de

FIG. 43. — Bateau de pêche de la baie de Vigo.

FIG. 44. — Pêcheurs de la baie de Vigo.

l'amure lui est parallèle. Elle est pourvue de cosses dans l'une desquelles on place le fer d'une gaffe pour pousser la ralingue au vent, cela fait l'effet d'une bouline.

CÔTES DU PORTUGAL

Lorsqu'on a doublé les Berlingues et le cap Carvoeiro, on commence à apercevoir les bateaux de pêche d'Ericeira qui se mêlent à ceux du Tage dont l'embouchure apparaît bientôt entre le cap Roca, au nord, et le cap Espichel, au sud. Entre ces deux limites, on voyait, il y a quelques années,

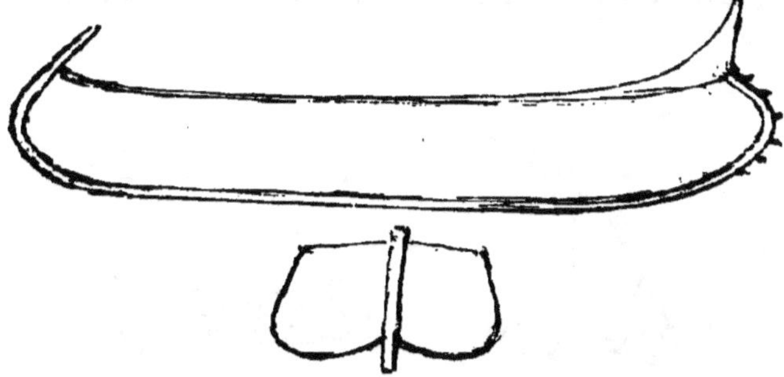

Fig. 45. — Muleta. Coupe en long et coupe en travers.

une étrange embarcation[1] à l'avant extraordinairement bombé, surmonté d'une sorte de défense se relevant verticalement par dessus l'étrave qui, elle-même, est armée d'une rangée de pointes. L'arrière est également très arrondi, l'étambot étant très arqué (fig. 45). Une autre particularité de la construction de ce singulier type consiste en ce que le fond au lieu de présenter une forme convexe en montre au contraire une concave (fig. 45). Mais ce

[1] Elle existe encore avec modifications dans sa voilure.

qui offrait en ce bateau, nommé *Muleta,* le caractère le plus excentrique se trouvait dans une voilure à nulle autre pareille (fig. 46). Une grande antenne supportait une voile trapézoïdale, parce que son point d'écoute était tronqué, ce qui nécessitait deux écoutes. De minces et longs espars étaient disposés sur plusieurs points afin de recevoir une vingtaine au moins, quelquefois plus, de petites voiles de toutes formes, fort souvent percées de larges trous et qui s'étageaient les unes au-dessus

Fig. 46. — Voilure de muleta.   Fig. 47. — Muleta.

des autres en demeurant orientées de manière à faire dériver le bateau le plus possible. Ceci donnait à l'ensemble quelque chose de fantastique. Cette disposition avait pour but la dérive afin de favoriser le traînage du chalut sur le fond. Ce filet lui-même était très particulier et ingénieusement établi.

Quelques muletes sont fort courtes avec une grande tonture (fig. 47) et elles doivent avoir servi de modèles aux auteurs de ces vieux dessins et vieilles gravures sur lesquels on considérait ces types comme imaginés par des esprits troublés ou cherchant à frapper par le caractère fantastique de leur composition. Ces formes sont pourtant réelles, on les retrouve encore dans le Tage et il en est bien d'autres et elles sont nombreuses, qui étonnent également. En effet, celles qu'on rencontre autour de Lisbonne sont à peu près toutes de nuances dérivant de la muleta pour en arriver jusqu'à la

Fig. 48. — *Muleta*, bateau de pêche du Tage, celle actuelle et celle d'autrefois.

ressemblance de la baleinière et du caïque. Et, suivant que ces embarcations s'éloignent de l'origine, elles changent également leur voilure.

Avec le progrès, les choses se sont modifiées et les pêcheurs ont trouvé le moyen de chaluter sans se gêner par autant de petits mouchoirs de poche en guise de voiles toujours longs à établir comme à amener, aujourd'hui ils les ont remplacés par une voile établie sur l'antenne quelque peu allongée et un seul foc (fig. 48). Nous reviendrons sur les bateaux du Tage.

Au delà du cap Espichel, on trouve dans l'est la pittoresque petite ville de Cezimbra, peuplée en majeure partie de pêcheurs ; leurs bateaux ne ressemblent pas à ceux du Tage, ils sont fortement charpentés, pour être solides à la mer, et portent

Fig. 49. — Pêcheurs de squales de Sétubal.

une voile enverguée sur une antenne de beaucoup plus longue que le bateau.

Plus dans l'est encore, se trouve la rivière de Setubal, c'est dans cette ville que vit un groupe de marins qui font une pêche particulière, celle des Squales (fig. 49). Avec des bateaux semblables à ceux de Cezimbra, ils vont au large tendre des lignes, qu'ils ne craignent pas d'aventurer jusqu'à deux mille mètres de profondeur et avec lesquelles ils prennent de cinq à six espèces de ces animaux.

Dans la vaste baie de Cadix, les embarcations qui circulent sont fort nombreuses, celles destinées à la pêche ne portent qu'une très grande antenne et sous certaines allures elles présentent un aspect d'élégance qui les rend remarquables. D'autres plus grandes employées au transport entre la ville et les bourgades situées sur plusieurs points du littoral, sont voilées d'une grande voile, d'un tapecul sur antennes et d'un foc. L'une et l'autre espèce sont des types excellents.

Fig. 50. — Bateaux de Cadix et d'Algésiras.

A Algésiras, à l'entrée de la Méditerranée, ce sont à peu près les mêmes embarcations que l'on retrouve (fig. 50). Cependant elles sont moins soignées comme construction.

On les rencontre aussi à Gibraltar entre les mains des indigènes, bien que les Anglais y aient importés leurs types, surtout comme bateaux de plaisance.

Il en est de même sur toute la côte de Grenade, de Murcie et de Valence.

Les bateaux de pêche catalans sont réputés pour

l'élégance de leurs formes et la rapidité de leur marche, ils ont trois quilles et se hâlent facilement à terre (fig. 51); leurs formes rappellent quelque peu celles de certains bateaux du Tage. Les ris,

FIG. 51. — Pêcheur Catalan.

au lieu de se prendre sur la ralingue de fond, se prennent sur l'antenne qui est en deux pièces.

CÔTES DE FRANCE

Sur la côte de France avoisinant la Catalogne, les embarcations se ressentent d'un contact fréquent et par suite aussi, probablement, d'une expérience due à l'observation des phénomènes dont ils sont sans cesse témoins et qui les a portés à adopter certaines formes plutôt que d'autres. Ces circonstances nautiques étant les mêmes pour les mêmes parages, rien d'étonnant à ce que les flotteurs dont il faut user soient les mêmes ou tout au moins se ressemblent beaucoup, c'est ce qui a lieu jusqu'à ce qu'on arrive aux bouches du Rhône.

Là on peut voir, en fait de petits bateaux, ceux appelés *Barcots* et qui servent de canots à tous les bateaux à vapeur du Rhône et de la Saône et à tous les grands flotteurs qui y naviguent. Cependant il faut faire une exception pour les *Grappins*, dont nous parlerons plus tard et qui ont, comme embarcation de service, un tout autre type que le barcot. Ceux-là ont les deux extrémités semblables, ce qui facilite leurs mouvements, marchant aussi bien d'un bout que de l'autre.

Sur les côtes de Provence, ce sont encore à peu près les mêmes types que sur celles du Roussillon, la voilure sur antenne se trouve sur tous les flotteurs jusqu'à un tonnage de 50 à 60 tonnes. Les formes, tout en variant quelque peu, demeurent cependant, jusqu'à un certain degré, assez semblables. Comme une des nuances des mieux caractérisées, citons les *Rafiaux* de Marseille et de Toulon qui servent à la fois de bateaux de passage pour se rendre à bord des navires en rade, de bateaux de promenade et de bateaux de pêche, surtout de dragueurs pour pêcher les mollusques et les oursins dont les habitants de ces pays sont si friands. C'est en se servant de ceux-ci de taille moyenne, que se fait la pêche du thon avec les madragues.

Dans le golfe du Lion, on emploie un bateau solidement construit mais aux formes un peu grossières. On en accouple deux pour traîner le filet et c'est probablement pour cette raison qu'on leur a donné le nom de *bateaux-bœufs*.

Il en est de même en Tunisie et jusqu'en Sicile, on y emploie de la même façon un bateau appelé *Paranzella* ou *Parancelle*.

FIG. 52. — Bateau corailleur d'Ajaccio.

Les petits bateaux corailleurs de Corse (fig. 52) diffèrent essentiellement du type si commun dans la Méditerranée, ils sont très élancés sur l'avant qui émerge fortement, leur arrière est presque rond.

Indépendamment des corailleurs, que l'on appelle *Corallines*, on se sert, en Corse, de bateaux de pêche, qui portent parfois des noms différents, suivant les localités. A Ajaccio, ce sont les *Guzzo*, au pluriel *Guzzi*; s'ils sont très petits, on les nomme *Barcella*, à Bastia, *Schivo*, à Bonifacio, *Batellou*, à Calvi, *Guzzo* et *Barcella*, comme à Ajaccio. Sur l'étang de Bignoglia, les riverains se servent pour y pêcher de très petites barques qu'ils appellent *Piroga*, *Gobali* et *Plata*. Notons que le mot *barque*, dont nous n'avons pas encore parlé, est employé pour désigner une petite embarcation, en certains lieux on dit : les barques de pêche, les barques de passage, etc.

Avant de quitter les rivages de France, il faut dire qu'avec les frêles embarcations dont il a été question, les marins des côtes océaniques ont souvent accompli des exploits demeurés trop inconnus. Combien de fois ne se sont-ils pas élancés contre un navire de guerre anglais, que le calme retenait en vue de leurs villages et ne l'ont-ils pas enlevé à l'abordage. Ceux des côtes méridionales avaient un autre ennemi contre lequel ils devaient se défendre et contre lequel ils combattaient non moins vaillamment, les pirates barbaresques, qui trop souvent apparaissaient tout-à-coup pour piller les bourgades et en enlever les habitants, mais combien de fois durent-ils se repentir de s'être aventurés sur certaines rives.

Enfin, il faut aussi signaler les *bateaux de sauvetage*, type sur lequel le progrès est inscrit par l'insubmersibilité, ils appartiennent à l'admirable institution que tout le monde connaît, la Société de Sauvetage qne l'on cherche à imiter dans bien des pays, ils ont aussi bien des raisons d'être dans d'autres applications. L'armement de ces bateaux est également digne d'être mentionné, il est composé d'hommes choisis parmi bien des dévoués et l'abnégation de leur vie qu'ils font si souvent avec l'élan qu'inspire l'ardeur à secourir ses semblables en danger de périr dans les flots, mérite qu'on les regarde tous comme des héros, et des héros constamment sur la brèche.

CÔTES DU NORD DE L'AFRIQUE

Le littoral africain présente quelques modifications de formes :

Au Maroc, les *Carabas*, dont nous avons déjà parlé.

En Algérie, des antennes très allongées en deux pièces et sur lesquelles les ris se prennent, se voient sur d'assez petits bateaux, aussi bien que sur des embarcations d'assez grandes dimensions que l'on peut ranger dans la catégorie des chaloupes, avec les nuances des formes espagnoles, relevées à l'avant, quelque peu effilées, à l'étrave très allongée au-dessus du plat-bord, à l'arrière large, sans grande quête et fines dans les fonds. Ce type est assez employé par les corailleurs qui pêchent le corail en Tunisie.

Même chose en la régence de Tripoli.

LES CÔTES D'ITALIE

Les mêmes formes et la voilure caractéristique
sur antennes se voient dans tous les ports italiens,
aussi bien que la *Balancelle*, qui est un type répandu
en toute la Méditerranée, présentant quelques caractères particuliers suivant les localités. Il y a pourtant quelques exceptions : à Malte, par exemple,
il existe des *Rafiaux* assez semblables à ceux de

Fig. 53. — Tartana.

Marseille; à Naples, des *Corailleurs* à fond plat,
portant une grande voile et un foc; dans l'Adriatique, un type bizarre par l'enluminure de ses voiles
taillées à peu près comme celles des chasse-marée,
on l'appelle *Tartana* (fig. 53), bien qu'il n'y ait
rien, en ce flotteur, qui puisse donner lieu à une
comparaison avec celui portant le même nom *Tartane*, que les Provençaux employaient pour le cabotage et que les bateaux à vapeur font disparaître de

plus en plus. La Tartana est à fond excessivement plat, on remédie à la forte dérive qui résulterait de cette particularité en donnant au gouvernail une surface proportionnellement très grande et en le faisant plonger bien au-dessous de la carène; dans ces conditions il sert de dériveur. On en emploie pour la pêche, mais plus ordinairement ce sont des caboteurs qui peuvent pénétrer partout, en passant sur les hauts fonds si communs en cette mer et entrer dans les baies et ports où l'eau est peu profonde.

Enfin, autre exception, la *Gondole vénitienne*.

L'ARCHIPEL

Dans l'Archipel, les Grecs, en luttes incessantes contre les Turcs depuis que ceux-ci s'étaient établis en Europe, par suite des hostilités non interrompues qu'ils entretenaient avec eux et peut-être un peu en raison de leur nature et de leur caractère, exerçaient la piraterie, à partir de l'extrémité de la Morée jusque vers Tenedos.

Des hauteurs du cap Matapan et des points culminants de chacune des nombreuses îles dont cette mer est parsemée, ils guettaient les navires, et lorsqu'ils en reconnaissaient un qui semblait devoir être une bonne proie, ils descendaient rapidement de leurs observatoires et se réunissaient en nombre suffisant pour armer une ou plusieurs embarcations, suivant le cas, et couraient sus à la victime. Elles étaient fort longues (fig. 54), pouvant border jusqu'à deux douzaines d'avirons et porter en sus au moins autant d'autres combattants. Leur vélocité sur l'eau était des plus grandes, et il était bien rare que la chasse donnée au bâtiment convoité ne finisse pas par l'abordage; très peu

Fig. 54. — Pirates grecs attaquant un trois-mâts de commerce.

élevées sur l'eau, quelque chose comme des péniches, elles élongeaient le navire sous ses port-haubans; de chaque bord, les hommes qui les armaient grimpaient facilement en s'aidant des cadeines, des rides, des manœuvres, et sautaient bientôt par dessus les lisses. La défense, lorsqu'il y en avait, était rapidement vaincue, et le malheureux équipage massacré le plus souvent, était jeté

par dessus le bord. Si les pirates entendaient conserver leur proie, c'était pour aller la vendre dans
quelque port, ou pour l'armer contre les Turcs ;
c'est ainsi que Canaris, Botzaris et d'autres chefs se
composèrent des flottes, avec lesquelles ils firent si
souvent trembler les Capitans Pachas. Comme les
navires ne leur coûtaient pas cher, ils en sacrifiaient
souvent quelques-uns qu'ils lançaient tout enflam-
més sur les vaisseaux et frégates turques. Ipsara,
bien situé pour cela, leur servait de refuge et de
point d'observation, et sitôt que le pavillon du
Sultan apparaissait à l'horizon, doublant quelque
pointe, les hardis capitaines grecs, avisés la plupart du temps sur les projets des amiraux, jugeant
des mouvements qu'ils devaient faire, par les ren-
seignements que leur donnaient leurs vigies, s'é-
lançaient sur eux et ne rentraient jamais sans avoir
tiré patte ou aile de leurs ennemis, soit par le fer
soit par le feu. Assez souvent, une flottille de
ces embarcations dont nous parlons, accompagnait
l'expédition, et son concours était toujours des
plus utiles. Après coup, elles rentraient chacune
chez elle, se cachant séparément dans des criques
inconnues ; les hommes qui les armaient se disper-
saient et de pirates on n'en voyait plus l'ombre,
jusqu'au moment où une nouvelle occasion venait
se présenter.

C'est ainsi que cela se passe encore en Malaisie, bien que depuis que les bâtiments à vapeur
ont été employés à réprimer ce brigandage, il

ait beaucoup diminué, la chasse, dans ces conditions, est en effet, toujours couronnée de succès,
le refuge toujours connu, à l'issue de la poursuite,
le nid alors découvert est bientôt détruit sans
chance de pouvoir se relever.

ANATOLIE, SYRIE, ÉGYPTE

Les côtes d'Anatolie et de Syrie n'ont rien conservé des flotteurs qu'elles avaient aux temps an-

FIG. 55. — Barque sur le haut Nil.

ciens et qui, si on en juge par l'activité commer-
ciale déployée par les Scythes, les Phéniciens, les
Tyriens, etc., nous présenteraient, si nous les

connaissions, des caractères intéressants, très vraisemblablement. Aujourd'hui, ce sont les types méditerranéens qu'on y rencontre, et cela jusqu'aux bouches du Nil.

Sur ce fleuve, plusieurs genres de bateaux naviguent (fig. 55) et leurs formes dénotent l'indolence avec laquelle le constructeur a élaboré son plan; il n'y a, certainement pas grand calcul dans le tracé de ces lignes qui semblent réprouver des

Fig. 56. — Dahabiehs du Nil.

courbures trop savantes, et cependant parfois ces flotteurs semblent voler; on dirait des oiseaux, quand une bonne brise, affraîchissant sur le soir, enfle leurs voiles, si pointues et si longues qu'on ne sait si elles ne sont pas l'effet de quelque rêve fantastique. On les nomme, d'une façon générale, *Dahabiehs* (fig. 56).

Parmi elles, il en est une dont nous donnerons une description, écrite par un auteur dont le charme du style se fait ici sentir. M. de Tinseau dit : « La

Nephtys est une barque pointue et légère de l'a-
vant, élargie à la poupe, basse sur l'eau comme un
chaland, toute blanche, avec des rechampis de couleur bleue très crue. Longue de quatre-vingts pieds,
elle porte presque à l'extrémité antérieure le mât
principal, peu élevé, surmonté de l'arc immense,
démesuré, de l'antenne de bambou dépassant aux
deux extrémités la longueur du bateau. Un autre
mât plus petit flanquait l'arrière, et quand les
deux voiles étaient déployées, le tout prenait, au
loin, l'apparence de légèreté fantastique de ces
grands oiseaux de mer, dont les ailes semblent
composer tout le corps, mais vu de plus près, l'al-
batros finissait en tortue. Sur la poupe, à demi
caché sous la voilure, un édifice aux formes carrées et massives, reposait lourdement, percé d'une
rangée de fenêtres, surmonté d'une terrasse formant belvédère et protégé par une tente. On entrait dans ce palais de bois par une porte à deux
battants regardant la proue et flanquée à droite et
à gauche d'un escalier montant sur la terrasse. A
l'intérieur, un corridor sur lequel s'ouvraient des
chambres conduisait au salon-salle à manger occu-
pant la largeur entière d'un bord à l'autre. Au
delà, tout à l'arrière, un appartement, complètement séparé, tenait lieu de harem dans le cas assez
rare où la *Nephtys* transportait une famille mu-
sulmane. Un second escalier partant de ce gynécée
donnait un accès direct sur la dunette qui servait
aussi de poste à l'homme de la barre. L'équipage,

composé d'une dizaine de mariniers sous les ordres du Reïs, campait à la belle étoile dans la partie antérieure. Enfin, un léger canot suivait à la traîne en cas d'accident et pour le débarquement dans les eaux basses. Le voyage en ces embarcations est le plus cher de tous les voyages. »

Fig. 57. — Embarcation sur le lac Baïkal.

Toutes les Dahabiehs ont à peu près les mêmes formes, de même qu'un autre flotteur naviguant sur ce fleuve, les *Canges* ou *Cangues* qui sont quelquefois d'un assez fort tonnage étant destinées au transport des marchandises.

ASIE. JAPON

Sur le lac Baïkal, les pêcheurs se servent d'un type dont les caractères, bien qu'assez ordinaires, ont cependant quelques traits particuliers (fig. 57).

Au Japon, on rencontre des bateaux de pêche de plusieurs types.

Le plus remarquable est un flotteur assez allongé, dont l'avant se relève hors de l'eau et dont l'étrave extraordinairement courbée se coude à la hauteur du plabord (fig. 58), en se reportant sur l'arrière,

ce qui lui imprime un aspect des plus originaux.
Il est à fond presque plat.

A Kiota, un bateau de passage qui ne marche
qu'à l'aviron ou poussé de fond avec des gaules a
l'avant excessivement relevé (fig. 57) ; cette partie

Fig. 58. — Pêcheurs du nord du Japon.

Fig. 59. — Bateau à passagers de Kiota (Japon).

s'avance en pointe sur une longueur proportionnellement grande. Une assez vaste cabane bien
ornée et recouverte d'un toit incliné sert à loger
les passagers ; elle occupe plus du tiers de la longueur du bateau (fig. 59). Il est à fond plat et peut
ainsi pénétrer dans tous les arroyos.

Un autre bateau à passagers, celui d'Osaka
(fig. 60), bien qu'à peu près plat dans ses fonds,
se présente pourtant flottant avec quelque élégance;
son avant est gracieusement courbé, cependant
son arrière s'incline trop en droite ligne. Son gou-

Fig. 60. — Bateau de passage d'Osaka (Japon).

Fig. 61. — Bateau de pêche du golfe d'Yeddo.

vernail, bien que manœuvré au moyen d'une barre,
semble pourtant agir comme un aviron de queue
qu'il représente en effet par sa position. Il est voilé
d'une voile à peu près carrée, peu élevée en raison
de sa longueur qui s'amure à quelque distance
du pied du mât sur l'avant et se borde sur l'arrière

avec un peu plus de longueur de ralingue. Elle s'o-
riente à grands renforts de boulines, elle en a trois.

Un autre bateau de pêche de la baie d'Yeddo
(fig. 61) présente un caractère de construction
d'autant plus singulier qu'il est difficile d'en
trouver la raison, à moins que l'imagination des
marins de ce pays ne les ait portés à croire qu'en
simulant l'ondulation de la vague ils ne donnent
à leurs embarcations plus de souplesse pour en
suivre le mouvement. Quoi qu'il en soit, la quille
de ces flotteurs est assez fortement ondulée et,
par suite, la carène et la lisse. Ces bateaux portent
deux voiles de forme rectangulaire légèrement
élargies vers l'envergure, la plus grande un peu de
l'arrière, l'autre, beaucoup plus petite, sur l'avant.

A Tourane, on trouve un grand nombre de bateaux de pêche que l'on appelle *Gay-yous*; ils ont
les fonds très plats, de très larges bordages, parce
que ceux-ci sont cousus les uns aux autres et sou-
tenus par les bancs; ils portent deux ou trois voiles
triangulaires. Pour louvoyer, ces bateaux emploient
comme balancier une charge de pierres fixée sur
l'extrémité d'un arc-boutant ; parfois deux ou
trois des marins vont s'y placer comme supplément de lest.

COCHINCHINE

En Cochinchine, des bateaux à passagers ou à
voyageurs, naviguant surtout dans les arroyos, pré-

sentent cette particularité que la quille, l'étambot et l'étrave qui est très élancée forment à eux trois une courbe continue. La partie avant est presque de moitié moins creuse que celle arrière, les fonds sont presque plats bien qu'arrondis. Ils sont surmontés d'une sorte de rouffle, dont la cloison est découpée sur l'arrière. Leur coupe longitudinale est très élégante, et son aspect rappelle la courbure gracieuse d'une cuillère à donner à boire aux malades ou les valves de certains mollusques lamellibranches.

Les *Sampans* de Saïgon présentent une disposition analogue dans la ligne un peu moins courbe, en raison de ce que la quille est plus longue, que forment les trois pièces principales de la membrure, la courbure de l'étambot est aussi plus allongée, l'ensemble est on ne peut plus gracieux et semble indiquer des tendances à une grande marche. Les fonds sont presque fins, leur courbure peu prononcée; ces embarcations sont surmontées d'une chambre à claire-voie recouverte d'un toit en bambous fendus en lattes et en feuilles de latanier.

Une sorte de bateau fort singulier est celui que l'on tresse en Cochinchine, tout comme on le fait pour des paniers, en se servant de lanières de rotin, et qui une fois tressés sont fixés sur une carcasse de planches disposées en lisses et auxquelles on donne la courbure au moyen d'une étrave, d'un étambot et de bancs dans le haut. La partie tressée s'applique sur les planches et s'y fixe au moyen de

gournables. La carène devient étanche au moyen
d'un mastic composé d'huile de coco, de résine et
de chaux. Au dedans, un vaigrage garantit le tres-
sage et au-dessous des bancs des cloisons maintiennent la forme. On voit de ces bateaux employés à
divers usages, il y en a depuis six mètres de longueur jusqu'à vingt mètres ; ils montrent parfaitement l'ingéniosité du marin qui profite de tout ce
qu'il trouve sous sa main pour se créer un flotteur
approprié à ses besoins profitant toujours des meilleures conditions qu'il peut rencontrer pour le produire. Par son industrie, il économise le bois qui
serait certainement plus cher que le rotin, il économise du temps, car le travail d'une carène en
bois serait infiniment plus long que celui du panier et conséquemment beaucoup plus dispendieux.
C'est donc en quelque sorte un progrès obtenu par
le premier des constructeurs du bateau panier,
quelle que soit l'époque où il s'est montré et l'état
des bateaux qu'il a remplacés dans la baie de Cam-
zaigne où il est en usage.

On voit aussi, dans ces régions, des flotteurs
dont les formes se rapprochent légèrement de
celles de quelques-unes des petites embarcations
en usage sur les rivières de France ; leurs formes
au lieu d'être franchement courbes sont brisées,
et les bordages fixés sur des membres en plusieurs
pièces, faisant des angles en leurs points de jonction, impriment ces mêmes angles aux bordages.

CHINE, BIRMANIE, INDE

Les embarcations chinoises ont des formes qui ne se rapprochent guère de celles dont il vient d'être question, elles sont bizarres et semblent être en désaccord avec tout ce qui peut favoriser une bonne construction. La plupart du temps, on se sert de nattes pour les voiler, et, comme sur les navires du même pays, ces voiles sont tendues sur plusieurs vergues parallèles.

Fig. 62. — Barque chinoise.

Presque toutes portent une sorte de rouffle en arceau, composé d'une carcasse fort légère recouverte en nattes ou en étoffes, quelquefois c'est une cabine qui peut se clore parfaitement. Du reste il en est de ceci comme des formes extérieures, elles varient on pourrait dire à l'infini et dépendent du goût du batelier et de ses fantaisies. En tout cas, ces bateaux ne sont pas faits pour marcher vite (fig. 62).

Dans l'Inde, il y a pas mal de types assez différents les uns des autres, avec des formes qui demeuraient primitives jusqu'en ces derniers temps. Elles ont presque toutes disparu, et il est fort difficile d'en retrouver des traces ou des documents qui puissent servir à les rappeller. Cependant dans l'Inde centrale on retrouve encore sur l'Unkarjé, une sorte de toue, relevée à ses deux extrémités ce qui donne une tonture assez accusée à son plat bord.

En Birmanie on emploie un remarquable ba-

Fig. 63. — Bateau birman de l'Irrawady.

teau, dont les dimensions varient assez et dont les coupes sont fort élégantes, il sert sur l'Irrawady à divers usages (fig. 63).

Un autre, d'assez faible taille, dont l'avant est très relevé et dont l'arrière est presque taillé en baleinière, sert aux pêcheurs sur la même rivière. Au contraire à Chambally (fig. 64), c'est l'avant qui est façonné ainsi, tandis qu'à l'arrière se trouve une sorte de rostre rendu camard par une espèce de volute, laquelle sert à supporter le gouvernail taillé en large pagaye. Puis un bateau pêcheur de la côte assez court, assez lourd bien qu'étant effilé aux deux extrémités et qui porte comme voilure presque l'imitation d'une voile sur antenne.

Enfin, sur le Gange, de longs Bachots — on peut les désigner ainsi, leurs coupes rappellant ce type — relevés aux deux bouts et portant un abri monté sur des cercles et formant voûte au-dessus de ceux

Fig. 64. — Bateau de Chambally.

Fig. 65. — Bachot du Gange.

qui s'y placent, le plus souvent ce flotteur sert au passage d'une rive à l'autre (fig. 65). Remarquons qu'il n'y a rien d'étonnant à ce que ces types dont la construction est d'une grande simplicité aient été conçus dans des pays différents, même alors qu'ils sont fort éloignés les uns des autres.

Au Bengale, à signaler le bateau soulier, dont la coupe horizontale a quelque analogie avec une semelle, il est très plat et peut passer sur tous les bancs. Les *Bauleas* à carène sans quille qui portent une voile à peu près carrée, amurant en pied du mât et se bordant à quelque distance de l'arrière.

MALAISIE

A Batavia, les pêcheurs emploient de petites embarcations dont les extrémités ont quelque ressemblance avec celles des baleinières; mais le plus grand nombre usent de pirogues, l'élément européen n'ayant pas complètement prévalu sur la coutume ancienne. Il en est de même sur toutes les côtes de la Malaisie; les pirogues sont demeurées d'un emploi à peu près général.

Ceylan, tout en présentant quelques types singuliers par la bizarrerie de quelques-unes de leurs formes, montre encore des pirogues pêchant en compagnie de flotteurs exécutés sur les données européennes.

COTES ORIENTALES D'AFRIQUE

Le *Mtépé* de Zanzibar, qui sert quelque peu aux pêcheurs, et c'est pour cette raison que nous le citons ici, est aussi un bateau de charge et de passage; il représente un type très particulier, qui semble produit par une imagination avide de fantasque plutôt que pour répondre aux exigences de l'art nautique (fig. 66). La voile qu'il porte est taillée dans une natte grossière, elle ne peut que difficilement s'orienter pour le plus près.

Dans les régions littorales de l'Afrique que les

Fig. 66. — Mtépé de Zanzibar.

Anglais et Portugais possèdent, ce sont les constructions de la mère patrie qui ont fini par l'emporter sur celles des indigènes, dont il reste à peine quelques spécimens.

COTES OCCIDENTALES D'AFRIQUE

En remontant la côte occidentale d'Afrique, nous ne trouvons guère que des pirogues, et dans les ports appartenant aux Européens, des embarcations amenées par eux des différents pays qui ont des possessions sur ces côtes, et cela jusqu'à celles du Maroc.

Le type que l'on voit à Mogador se retrouve sur

tout le reste de ce littoral jusqu'au détroit de Gibraltar et pénètre même quelque peu dans la Méditerranée. C'est un bateau allongé, aux formes arrondies, à l'arrière recourbé et qui porte géné-

Fig. 67. — Bateau de pêche et de passage à Mogador.

Fig. 68. — Pêcheur de Mogador.

ralement de bout en bout une ornementation en arabesques grossières et fort simples à la hauteur de la préceinte. Il sert à la pêche, au transport des marchandises, soit au débarquement, soit à l'embarquement, ainsi qu'aux passagers, les navires qui viennent à Mogador devant rester en rade puisqu'il n'y a pas de port. On ne leur reconnaît pas grandes qualités de mer (fig. 67 et 68).

CANARIES, MADÈRE, AÇORES

Passons aux Canaries, et prenons d'abord, pour faire connaître les bateaux de ces îles, un élégant petit type servant aux pêcheurs de Teneriffe; on

FIG. 69. — Pêcheurs de Ténériffe.

en jugera par le dessin que nous en donnons (fig. 69); il se retrouve dans les ports de toutes les îles. On y voit aussi, de plus grandes embarcations du même genre, qui servent, comme à Mogador, au transport à terre et en rade des marchandises; quelques lanches sont également affectées à ce service.

Au port d'Orotava, nous avons remarqué une très singulière particularité sur un bateau halé à terre (fig. 70). Son étrave, bien qu'assez élancée, présentait vers son milieu une rentrée courbe qui lui donnait un aspect tortu, fort bizarre, sa tonture non plus n'était pas des plus normales, nous n'avons pas pu savoir si ce bateau avait des pareils.

A Madère, nous retrouvons à peu près le même

Fig. 70. — Bateau d'Orotava.

Fig. 71. — Bateau de pêche de Madère.

type que celui de la figure 69 (fig. 71), avec la nuance du caractère portugais ; l'étrave et l'étambot s'élevant fortement au-dessus de la lisse, ils sont aussi plus longs et portent une voile trapézoïdale, au lieu d'une antenne.

Revenant vers l'Europe, nous remarquerons aux Açores, autour desquelles les baleines et les cachalots surtout, se montrent encore assez nombreux en certaines saisons, une embarcation avec laquelle on les chasse et qui ne ressemble pas du tout aux baleinières. Par sa voilure, elle a quelque rapport avec le bateau des Bermudes, cependant elle ne porte pas de foc et son envergure, bien que restreinte, est plus grande; on dit que ce sont d'excellents bateaux. C'est surtout entre Fayal et Pico que nous les avons vus. Lorsque nous venions

Fig. 72. — Bateau faisant le cabotage sur le littoral de San Miguel (Açores).

avec le *Talisman*[1] au mouillage de Ponta Delgada à San Miguel, le pilote qui vint nous prendre au large se rendit à bord avec une belle embarcation de type anglais, n'ayant qu'une seule voile, un taillevent également de coupe anglaise. Sur cette rade, nous vîmes plusieurs fois des embarcations, parfois très allongées, et paraissant fines, d'autres fois plus courtes, plus fortes, et paraissant par contre plus solides, ayant un certain aspect de

[1] Voyez Folin, *Sous les mers*, Paris, 1887.

baleinière, màis faites pour la charge, en tout cas fort gracieuses. Elles sont voilées d'une façon toute particulière avec trois voiles, sur des antennes souvent très courbes, hissées sur des mâts très inclinés sur l'avant (fig. 72). La plus grande est sur l'avant et s'amure sur l'étrave. Celle du milieu est moins grande et celle de l'arrière encore moins. Sous voiles, comme sans voiles, ces bateaux sont charmants, ils font le cabotage entre les divers points de San Miguel, où se trouvent des ports. Il en est, qui ne portent que deux voiles, celle de l'avant et celle du milieu. Les bateaux de pêche ont une ou deux voiles du même genre.

AMÉRIQUE DU SUD

Dans la vaste et si splendidement pittoresque rade de Rio Janeiro, vis-à-vis cette ville, on voit Santo Domingo, bourgade où se trouvaient des sucreries, quelques autres industries, et surtout bon nombre de maisons de campagne appartenant aux riches négociants qui avaient leurs comptoirs sur l'autre rive. Avant que l'usage des bateaux à vapeur fût devenu chose commune, on se servait, pour traverser la rade, de grands bateaux tenant un peu de la lanche, mais à poupe arrondie, marchant à la voile et à l'aviron (fig. 73). Sur l'arrière, un rouffle en arceau très léger, et à travers lequel l'air pouvait circuler, servait à tenir les passagers à l'ombre. Ils étaient toujours nombreux et, d'heure en heure, il y avait un départ de ces bateaux qui s'effectuaient tantôt à une calle tantôt à une autre, afin de desservir les divers quartiers de la ville de Rio. Leur voilure consistait en une

FIG. 73. — Bateau de passage dans la rade de Rio Janeiro.

grande antenne, hissée sur un mât qui s'inclinait sur l'avant, un nombreux équipage de nègres esclaves manœuvraient les avirons.

LES ANTILLES

Aux Antilles, lorsqu'un bâtiment de guerre mouille sur une rade, il est bientôt entouré de bateaux auxquels il n'est permis d'accoster que lorsque tous les travaux du mouillage sont terminés, les voiles serrées, les ponts balayés, etc. Du moins, cela se passait ainsi il y a quelques années ; actuellement que la vapeur a fait disparaître tout ce que la marine à voiles avait de pittoresque, les coutumes du bord ont sans doute changé.

Mais alors ces bateaux, qui portaient un nom que les matelots avaient tiré du langage créole, et qui était parfaitement significatif, étaient les *Bons Boats, Bon Boat*, le bon bateau, parce qu'il était chargé de fruits et de victuailles, ne pouvait se rapprocher du bord qu'alors que toute occupation n'absorbait plus le temps des hommes de l'équipage. De plus, avant que la vente de ce qu'il avait apporté ne fût autorisée, il fallait qu'une minutieuse visite eût été faite de son contenu par le capitaine d'armes et ses aides qui devaient s'assurer qu'aucune boisson ne se trouvait parmi les denrées diverses que se proposait de débiter le patron du Bon Boat. C'était en réalité de véritables boutiques que ces canots, où l'on vendait aux matelots du fil, des aiguilles, des rubans pour leurs chapeaux, de la tresse pour leurs chemises, des plumes, de l'encre, du papier, des cocos, des bananes, des oranges, des ananas, des tranches de viande grillées, des poissons frits, du pain et des pâtisseries. En ce temps là, le régime ordinaire à bord des bâtiments de l'État était assez maigre : le lard salé, les légumes secs en faisaient le plus souvent les frais ; quelles jouissances le matelot se procurait avec la cargaison du Bon Boat ! et cela se répétait à l'heure de chaque repas, heures auxquelles il lui était permis de s'amarrer à l'échelle de babord du bâtiment.

Les Antilles : il ne peut être question d'elles sans évoquer le souvenir de ces hommes qui, pendant bien des années, firent trembler sans répit les Espagnols en Amérique. Les incroyables exploits qu'ils accomplirent seraient pris pour des fables s'ils ne s'étaient répétés, s'ils n'étaient devenus de notoriété publique, non seulement aux colonies, mais

Fig. 74. — Flibustiers.

encore en Europe, et s'ils n'étaient de plus, consacrés par des historiens soucieux de s'enquérir avec scrupule et renseignés par des documents sérieux, dont bon nombre sont encore parmi les archives de diverses îles.

Ces hommes, c'étaient les Flibustiers qui, avec de longues embarcations ressemblant aux péniches (fig. 74) dont la marche était d'une rapidité extrême, se portaient inopinément à la rencontre d'un galion se rendant en Espagne, tout chargé d'or, d'argent, de matières précieuses, et qui, par cette raison, était pourtant bien défendu. Mais quelle que fût la défense qu'il pouvait opposer, rien ne résistait à l'impétuosité de l'attaque, de la fougue avec laquelle cette poignée d'hommes s'élançait à l'abordage, grimpant en se servant de leurs haches qu'ils enfonçaient dans les bordages, pour se hisser, le poignard entre les dents, le mousquet en bandoulière, les pistolets garnissant la ceinture. Une fois à bord, la lutte n'était guère longue ; leur réputation de toujours victorieux énervait leur adversaires ; sans manquer de courage, ils ne se défendaient que mollement, convaincus qu'ils finiraient toujours par être vaincus. Puis l'allure des Flibustiers était si pleine d'audace, si crânement insoucieuse du péril, que nul ne se sentait assez semblable à eux pour compter sur une veine qui pourrait quelque peu égaliser les chances. Ces hommes, par leur vaillance, par leurs conceptions d'une hardiesse inouïe, terrorisaient les équipages espagnols et reculaient si peu devant les moyens extrêmes que souvent, lorsqu'ils sentaient l'entreprise plus difficile que d'ordinaire, ils n'hésitaient pas à sacrifier les embarcations avec lesquelles ils attaquaient ; le dernier qui y restait la défonçait et ne s'élançait à l'abordage que lorsqu'elle avait coulé sous ses pieds ; il fallait bien alors l'emporter.

Leur organisation n'était pas moins puissante que leur haine contre les Espagnols, et si elle se montrait presque toujours implacable, parfois quelque peu cruelle, elle n'en venait pas moins d'une source pure et humanitaire. C'était la barbare cruauté avec laquelle les conquérants du Nouveau Monde traitaient les pauvres Indiens vaincus, les souffrances qu'ils ne cessaient de leur faire endurer, les traitements féroces dont mouraient fréquemment leurs esclaves, qui avaient fait germer au cœur des Flibustiers la soif de venger tant de victimes. Et ils s'étaient associés, se recrutant parmi des hommes auxquels le sort n'avait pas été favorable dans leur patrie, et qui étaient venus en chercher un meilleur « aux Iles », ainsi qu'on disait alors, et beaucoup d'entre eux cachaient, sous des noms de guerre, celui d'illustres aïeux. Alors qu'ils s'étaient érigés comme vengeurs de populations martyrisées, on le sent bien, l'esprit chevaleresque faisait battre bien fort leurs cœurs de français, et leur association s'en ressentit et prospéra. Ils avaient une police secrète dont les agents étaient répandus partout, et par eux ils savaient tout ce qui se passait dans tous les ports espagnols ; avertis en temps opportun de l'armement et du départ des galions, de la force de leurs équipages, ils choisissaient d'avance le point le plus favorable pour l'attaquer et préparaient leur expédition.

Mais ce n'était pas seulement sur l'eau que les Flibustiers combattaient les ennemis dont ils avaient juré d'exterminer le plus grand nombre, c'étaient aussi en prenant d'assaut leurs villes maritimes les plus riches et les plus florissantes, sans tenir compte du chiffre des garnisons; toujours sur leur grandes embarcations, si rases sur l'eau qu'on les apercevait à peine, ils entraient à l'improviste dans un port, et avant que l'alarme ait été donnée, ils se répandaient dans dix directions différentes, livraient tout au massacre et au pillage, et ne se retiraient jamais sans être chargés d'or et de butin. Quelques-uns des épisodes de ces prises de villes de guerre paraissent si prodigieux qu'on serait tenté de les regarder comme incroyables.

De retour chez eux, les Flibustiers devenaient boucaniers, c'est-à-dire que, faisant le commerce de cuirs provenant des innombrables bestiaux qu'ils élevaient sur de gras pâturages, ils enfumaient les peaux pour qu'elles pussent se conserver et supporter le voyage en Europe. Le *boucan* était le lieu où de grands feux de branches vertes, donnant une épaisse fumée odoriférante, servaient à fumer les cuirs fraîchement écorchés, et les viandes que l'on désirait garder; c'est la même opération que l'on fait subir aux harengs, seulement celle-ci se nomme *saurir*, de là, hareng-saur.

La grande Flibuste n'eut qu'un temps, et pendant ce temps, elle fut honorable et honorée; mais peu à peu le désir du lucre la rendit moins scrupuleuse, elle perdit petit à petit son prestige, et elle en arriva à ce que, alors que les colonies espagnoles d'Amérique se révoltèrent, on donna le nom de *Flibustiers* aux pirates qui apparurent tout à coup, chassant un peu partout les navires de commerce espagnols et autres. C'étaient de fins voiliers, armés par le rebut de toutes les marines et qui commirent tous les crimes imaginables. On comprend comment le nom de *flibustier* se trouva quelque peu terni.

LES BERMUDES

Dans le nord des Antilles, sur un groupe de petites îles, les Bermudes, vivent de hardis marins

FIG. 75. — Bateau des Bermudes.

qui affrontent les tempêtes, communes en ces parages, avec des embarcations dont le type est particulier à cet archipel. Malgré leurs formes très fines, les *varangues* étant presque sans courbure, un V pouvant en donner une idée, elles se comportent parfaitement à la mer, même en mauvais temps.

Elles ont en outre une grande vitesse ce qui fait qu'elles sont réputées comme d'excellentes marcheuses, surtout depuis quelques modifications que le progrès a fait apporter dans leur construction. Ce bateau des Bermudes est presque voilé en côtre, avec une grande voile et un seul foc ; seulement la première est pour ainsi dire triangulaire, n'ayant qu'une envergure insignifiante, ce que compense une grande élévation de la mâture et la bordure ; le mât, soutenu par un seul hauban, est placé tout à fait de l'avant et le guy a presque la longueur du bateau, tandis que le bout dehors est fort court (fig. 75).

AMÉRIQUE DU NORD

Les rivières qui avoisinent les montagnes Rocheuses et les grands lacs de l'Amérique du Nord,

FIG. 76. — Pirogue des rivières des montagnes Rocheuses.

ont conservé un reste des formes indiennes (fig. 76) ; il semblerait qu'il provient de l'imitation de quelque pirogue aztèque. Il pourrait se faire aussi qu'on ait cherché à protéger les deux extrémités contre l'envahissement de l'eau dans les rapides et les parties torrentueuses des cours d'eau dans lesquels ces embarcations doivent naviguer.

Elles sont très légères, bien qu'étant destinées à porter une charge assez considérable, dont il faut les débarrasser pour les porter par terre, au delà du passage qu'elles ne peuvent franchir ; on le détourne, et c'est ce que l'on appelle un *portage.*

C'est avec réflexion et calcul que les Américains ont imaginé un petit bateau de plaisance d'abord, mais qui s'est quelque peu répandu, le *Sharpie.* Qu'on s'imagine une écaille de tortue renversée ; au centre, une ouverture de quelques centimètres de largeur, d'un peu plus d'un mètre de longueur tient la place de la quille, elle est surmontée de cloisons verticales bien étanches entre lesquelles demeure un espace vide dans lequel on introduit ce que l'on est convenu d'appeler un dériveur ou fausse quille. Il consiste en un plateau peu épais qu'il est facile d'abaisser ou d'élever à volonté dans l'espèce d'étui formé par les cloisons qui le renfer-ment. On peut ainsi, en le faisant plonger bien au-dessous des fonds du bateau, à peu près plats, lui donner une grande stabilité, elle lui ferait défaut sans cela. Par suite il peut porter beaucoup de toile même sous l'allure du plus près. Lorsqu'il navigue sur des points où il n'y a qu'une mince couche d'eau, le dériveur se relève et le Sharpie, ne tirant par lui-même que fort peu d'eau, peut passer partout.

Ces sortes d'embarcation ont d'abord été mises en usage comme bateaux de course, on s'en sert aujourd'hui dans d'autres cas, même pour la pêche.

CHAPITRE V

LES FLOTTEURS DE TRANSPORT

Sur l'Océan, sur les lacs, sur les fleuves et rivières, on trouve des flotteurs de dimensions plus grandes que celles des embarcations dont il vient d'être question, et qui de tous temps ont été destinés au transport des denrées appartenant à une population riveraine ou voisine des rivages sur lesquels ils venaient décharger, destinés également aux échanges de marchandises entre peuples voisins d'abord, puis par la suite éloignés, et comme conséquences des relations commerciales, servant aux trafiquants à se rendre dans les divers pays où ils avaient des intérêts à surveiller.

Avant le déluge, ces relations avaient déjà une certaine importance, puisque la description de l'Arche de Noé, avec les dimensions énormes données par la Bible, prouve que l'art de construire les flotteurs était déjà arrivé à une certaine perfection, obtenue par la nécessité de les rendre aptes à faire d'assez longs voyages. On savait déjà comment leur donner de la solidité pour résister à la mer, des formes susceptibles de rendre la marche plus rapide, et aussi leur assurer une capacité telle, qu'elles pouvaient recevoir une grande quantité de marchandises. Assurément, c'étaient de simples charpentiers qui exécutèrent d'abord ces constructions, mais peu à peu ils devinrent de plus en plus habiles et finirent par acquérir une certaine science relative qui avait assuré à quelques contrées une certaine réputation en l'architecture navale.

Donc, aussitôt que l'homme avait senti la nécessité d'affronter la mer du large, il avait donné aux flotteurs des dimensions en rapport avec ce qu'exigeait une navigation plus hardie. Mais tout d'abord, ils demeurèrent, comme les premiers, sans l'abri d'un pont garantissant les hommes et les marchandises contre l'embarquement des lames, lorsque la brise venait à fraîchir et que la mer grossissait. C'était avec des toiles goudronnées, des prélarts qu'ils établissaient des toits protecteurs ou qu'ils recouvraient les denrées qu'ils portaient.

C'est ainsi que les premiers navires du Nord, qui s'aventurèrent à descendre vers les côtes d'Écosse et d'Angleterre, firent leurs traversées. Ils quittaient des régions peu fortunées peut-être avec l'espoir de retrouver celles d'où ils étaient sortis et qu'ils se rappelaient meilleures. Mais c'était surtout pour satisfaire leur soif de pillage et ceci les amena peu à peu à devenir les plus redoutables des pirates. Les dévastations qu'ils commirent devinrent telles, que leur nom seul de *Normands* inspirait la terreur jusque dans Paris, jusqu'aux Pyrénées et en Espagne. Peu à peu leurs constructions progressèrent, et on les voit exercer leurs courses de rapines, de meurtres et d'incendies, avec d'assez grands bâtiments appelés *Dracos* ou *Drakars* qui dénotent comme formes et ornementations des perfectionnements sensibles. Ils en avaient un grand nombre, et l'on sait qu'Alfhilda, fille du roi Sigur, en com-

FIG. 77. — *Kastal*, Drake, pirate normand du xe siècle.

mandait toute une flotte. Lorsqu'à leurs extrémités, à la proue et à la poupe, à l'avant et à l'arrière, ils étaient surmontés d'ornements représentant des têtes de dragons ou d'autres animaux fantastiques, on leur donnait le nom de *Kastals* (fig. 77).

On ne peut guère suivre les modifications qui produisirent les formes modernes; elles ont été obtenues sans laisser de traces, parce qu'elles étaient presque insensibles dans leurs applications et que, la plupart du temps, elles n'étaient pas formulées par des règles. Cependant on n'en arriva pas moins à obtenir des types qui répondaient à ce que l'homme de mer pouvait désirer des flotteurs, assurant autant que possible sa sécurité lorsqu'il se confiait à eux, une marche dont la rapidité lui donnait des chances de succès dans ses chasses contre les cétacés ou contre ses ennemis, une presque certitude d'arriver dans un port sans avaries pour ses marchandises. Ce fut ainsi qu'en examinant les résultats qu'il obtenait, en les comparant à ceux qui étaient moinshe ureux ou négatifs, le marin comprit à quelles lois physiques il devait soumettre ses efforts dans l'accomplissement de l'œuvre qu'il voulait améliorer ; il en conclut comme corollaires celles qui constituèrent les éléments de l'art naval, de l'architecture marine. Charpentiers après avoir été matelots, tels sont les premiers artisans qui la lancèrent sur la voie où les ingénieurs l'ont prise pour la mener aux merveilles du siècle actuel, merveilles surtout lorsqu'on envisage nos derniers vaisseaux, à voiles et aussi si l'on considère ces prodigieuses masses de fer dont on a fait des flotteurs extraordinaires auxquels on a donné des vitesses inouïes.

Les flotteurs de transport dont nous allons nous occuper sont ceux qui sont employés sur les fleuves et rivières, et aussi les navires d'un faible tonnage, qui font le cabotage, c'est-à-dire qui naviguent le long des côtes, qui vont de caps en caps ; c'est de là que leur vient le nom de *caboteurs*. Ils connaissent en effet tous les caps, et c'est en considérant telle pointe, telle roche ou tel mont qu'ils savent la route qu'ils ont faite, le point où ils se trouvent et le chemin qu'ils doivent suivre pour aller en reconnaître un autre, jusqu'à l'arrivée au terme de leur course. S'ils sont poussés au large par un vent trop fort, ils mettent en cape pour ne pas trop s'éloigner de terre, et lorsque le temps le leur permet, ils se rapprochent de la côte, sachant qu'ils la reverront en courant dans une direction convenable, n'ignorant pas celle où elle doit se trouver. Et ce n'est pas seulement ce qu'ils ont de science théorique, quelque minime que soit leur savoir, c'est aussi l'instinct du marin, l'observation des phénomènes que leur montre la mer, les courants, la houle, la couleur des eaux, les nuages, le vol d'un oiseau, en un mot une foule de choses qui seraient de nul secours pour quiconque ne serait pas du métier, qui viennent à leur aide et qui leur servent à retrouver leur route, quelque embarrassant que paraîtrait le problème à leurs passagers s'ils en avaient.

On le comprend, les caboteurs sont généralement des bâtiments qui sont localisés dans les parages où ils naviguent, et parce qu'ils sont appropriés à une côte plutôt qu'à une autre, ils affectent des caractères appartenant à chacun de leurs pays, et on les reconnaît facilement à première vue pour être de tel ou tel port.

NORD DE L'EUROPE

En Suède et en Norwège ce sont des *Bricks* et des *Goëlettes*, qui font le cabotage, venant jusqu'en France porter des bois et de la glace taillée dans les lacs de ces pays en blocs d'un mètre cube. Ce sont de solides navires et résistant parfaitement

Fig. 78. — Brick.

aux grosses mers du Nord. Disons de suite comment ils sont gréés, ce sera fait, nous n'aurons plus à y revenir, bien qu'ayant encore souvent à parler de ce navire.

Le *Brick* (fig. 78) est ordinairement un bâtiment de 300 à 400 tonneaux — il y en a de plus petits — portant deux mâts sur lesquels on établit une série de voiles, les unes que l'on nomme carrées bien qu'elles soient trapézoïdales, ce sont les *basses voiles, huniers, perroquets* et *cacatois ;* les autres triangulaires, les *focs,* et opposée à ceux-ci, la *brigantine* avec ses quatre côtés. Nous reparlerons de cette espèce de flotteur, qui est ou plutôt qui était employé sur toutes les mers d'Europe et en Amérique.

La *Goëlette* est d'un plus petit tonnage, plus fine et marchant généralement mieux que le Brick. C'est surtout au plus près qu'elle acquiert une vitesse souvent supérieure. La véritable Goëlette (fig. 79) ne porte que des voiles latines ou auri-

Fig. 79. — Goëlette.

ques, ainsi qu'on disait jadis. Les deux principales sont enverguées sur des cornes, trois focs et deux flèches en cul.

Dans presque tout le Nord, on l'appelle *Schooner* ou *Skooner*; ses mâts sont inclinés sur l'arrière. Parfois on ajoute un petit hunier et un petit perroquet. Il y a aussi le *Brick-Goëlette*, qui porte au mât de misaine un hunier, un perroquet et même un cacatois ; lorsqu'il a une hune, il constitue le véritable type du Brick-Goëlette ; derrière, il n'a que la grande voile sur corne et une flèche. Vent arrière, la Goëlette peut porter au mât de misaine une voile carrée qui s'établit pour le moment de l'emploi sur une vergue ; on la nomme *Fortune*.

Les Norwégiens emploient aussi le *Côtre* ou *Cutter* (fig. 80) pour le charger de planches ; dans ce cas, c'est un navire assez lourd, établi pour porter le plus possible d'après ses dimensions et qui n'a rien de l'élégance de ceux dont il sera bientôt question. Ces bâtiments sont très relevés de l'avant, portent

Fig. 80. — Côtre.

un seul mât sur lequel sont gréés deux ou trois focs, une grande voile enverguée sur une corne et une flèche. Ce sont presque les bateaux de pêche tels que ceux que nous avons vus dans la Manche, mais ils sont de dimensions plus grandes et de tonnage plus fort ; ils diffèrent également quelque peu dans leurs formes et dans quelques-unes des appropriations que nécessitent leurs destinations.

Ces trois sortes de navires sont communes aux

contrées du nord de l'Europe, la Norwège, la Suède, le Danemark, l'Allemagne et la Russie; mais comme la navigation à vapeur se substitue de plus en plus à la marine à voiles, ces types deviennent de plus en plus rares.

Sur les lacs et les rivières de Norwège on se sert

FIG. 81. — Eaux douces de Norwège: Pram à Bergen.

pour le transport des *Pram* (fig. 81) et des *Foringspram* (fig. 82).

En Russie on trouve sur les lacs et les rivières une série de bateaux de charge dont nous donnerons ici quelques noms. *Aslanok Bagroupek, Barqua Bélane, Karbaçow, Kowouchka, Prislongka, Ovsianna, Proreze, Tilinka, Schkovna.*

Fig. 82. — Lacs de Norwège : Foringspram et Suckke.

GRANDE-BRETAGNE ET IRLANDE

Si nous passons aux côtes de la Grande-Bretagne et de l'Irlande, nous retrouvons le Brick, la Goëlette et le Côtre ; ce dernier est même très perfectionné et on en voit un très grand nombre employés comme *Yachts* ou bateaux de plaisance. Il en est de

FIG. 83. — Bateau plat de la Tamise *(Shrimper)*, voile à livarde.

même des Goëlettes, et quelques-unes de celles-ci d'un fort tonnage sont armées avec un grand luxe et possèdent des aménagements où le confort ne laisse rien à désirer ; les propriétaires de ces grands Yachts s'en servent pour exécuter des voyages de long cours. Quelques zoologistes ont employé leurs bateaux de plaisance pour exécuter des dragages sur les côtes de leur pays, et c'est grâce à leurs travaux qu'on est arrivé à connaître parfaitement la faune marine des Iles Britanniques.

Les marins de ces pays se servent aussi de quelques lougres ou chasse-marées *(Lugger)*, de *Sloops* qui sont des diminutifs du *Cutter*, de *Côtres-Dandys* qu'on distingue du type par quelques différences de formes et parce qu'ils portent un tape-cul de *Ketch*, qui se distinguent des Bricks en ce qu'ils n'ont qu'un grand mât et un mât sur l'arrière que l'on pourrait appeler un mât d'artimon; ils ont bien deux mâts, mais le mât de misaine leur manque. En résumé, le bâtiment le plus communément employé pour le cabotage est le Brick qui sert au transport du charbon, mais il est probable qu'il disparaîtra bientôt, le bateau à vapeur remplaçant les autres flotteurs avec de grands avantages. Cependant la marine à voiles des Anglais demeure très considérable, et dans bien des cas l'économie de frêt qu'elle présente lui assure encore le transport de certaines marchandises.

Les armateurs de quelques bateaux plats de la Tamise, qui sont gréés en *Thames Shrimpers*, envoient souvent ces bateaux comme caboteurs dans les ports français de la Manche (fig. 83).

HOLLANDE

La Hollande est un pays tellement découpé par les canaux et rivières qui sillonnent son territoire et par les deltas presque labyrinthiques à travers

les détours desquels les fleuves parviennent à
se frayer un chemin jusqu'à la mer, qu'il n'est
pas étonnant qu'un grand nombre de flotteurs
soient en usage en cette contrée. C'est en effet un
moyen de communication des plus commodes
que présentent ces voies navigables et qui facili-
tent singulièrement les relations à l'intérieur, aussi
bien que celles avec les contrées voisines. Non
seulement le fermier a ses charriots, mais aussi ses
bateaux qui mettent en rapport tous les points de
son exploitation, qui chargent ses produits pour
l'exportation, qui portent ses denrées et ses bestiaux au marché, qui conduisent la famille à la ker-
messe, les mariés à la noce. Il résulte d'une telle
situation qu'en Hollande le mouvement sur l'eau
est immense, de tous les instants et se trouve partout, aussi tout le monde est en état de conduire
un bateau. Comme il en faut beaucoup et que les
goûts varient, que la mode qui innove s'en mêle,
les formes tout en respectant celles reconnues les
meilleures sont assez variées. On rencontre donc
un assez grand nombre de types, aussi bien
parmi les flotteurs employés sur les eaux douces
que parmi ceux qui font le cabotage, et tous présentent un caractère particulier que l'on peut dire
national et qui permet de distinguer un bateau hollandais de tout autre.

Parmi toutes les espèces de navires affectés à
cette région, il en est un, si l'on peut à proprement parler l'appeler ainsi, parce que le service

qu'il faisait ne peut guère s'appeler naviguer, et dont nous parlerons ici par cette raison que sa mission était d'être un bâtiment de servitude, ne quittant jamais le pays et rentrant au port aussitôt qu'elle était terminée. Les embouchures des fleuves, les abords des rades dans des dépôts de sable que la mer bouleverse souvent, ne présentent pas dans les Pays-Bas des passes d'un grand tirant d'eau, et la marine de guerre qui fut cependant formidable n'aurait pu armer les grands vaisseaux qui formèrent ses flottes si l'on n'avait pas trouvé un moyen de leur faire franchir tout armés des passages dans lesquels la profondeur de l'eau était beaucoup moindre que leur calaison. On se servait pour remplir ce but de deux flotteurs, chacun d'eux ayant un de ses côtés façonné de manière à reproduire à peu près en creux les façons du vaisseau dont les convexités venaient s'appuyer sur les murailles concaves des deux appareils que l'on nommait des *chameaux* (fig. 84). Ils étaient construits de manière qu'avec la charge du navire qu'ils devaient supporter ils n'eussent qu'un tirant d'eau maximum leur permettant de naviguer dans les canaux et de passer dans les endroits où la profondeur de l'eau était petite. Une fois dans la mer profonde, le vaisseau en écartant de lui les chameaux avec les précautions voulues, reprenait son tirant d'eau normal et se débarrassait d'eux. Ils rentraient alors dans leurs ports, prêts à recommencer la même besogne et n'en ayant pas d'autre.

Les bateaux qui naviguent sur les eaux douces
de la Hollande sont construits de façon à ne tirer
que très peu d'eau, leurs formes sont appropriées à cette condition tout en comportant une
capacité relativement assez grande.

On rencontre d'abord la *Kaag* ou *Cague* qui sert

Fig. 83. — Vaisseau hollandais entre deux *chameaux*
pour traverser les passes.

d'ordinaire comme allège en prenant une partie
de la cargaison des grands navires qui peuvent,
étant alors allégés, remonter dans les rivières aussi
loin que cela leur est nécessaire. Elle comportent
une cale assez vaste, un rouf sur l'arrière et un coqueron à l'avant. Elles ont généralement une grande
voile à livarde et deux focs.

Le *Brabant Beurtschip* ou *Gaffelaar* navigue sur les eaux de la Zélande et du Brabant; ils ont un rouf sur le pont et un coqueron à l'avant, la cale est divisée en deux compartiments; ils ont deux

Fig. 85. — Le *Beurtschip* (Gaffelaav), d'après un dessin de M. Smit Vanden Brocke, Capitaine de vaisseau de la marine hollandaise.

focs, une grande voile, et sur l'arrière une brigantine ou grande voile enverguée sur une corne (*gaffel*), d'où ils tirent leur nom (fig. 85).

Le *Friesche praamschuit, Prame frisone* ressemble beaucoup au *Tjalk* et ne s'en distingue guère que par des lignes moins courbes ; au lieu de pavois, ils ont des fargues mobiles. Sur l'arrière, on remarque une espèce de plateforme élevée, que traverse le gouvernail. Au dedans, même aménagement que sur le Tjalk et même gréement ; seulement leur mât peut s'abaisser.

La *Prame* est également pointue de l'avant et de l'arrière, ce qui est presque une anomalie dans le bateau hollandais, c'est pour cela qu'on la nomme parfois haricot. Ils sont étroits, ont un très faible tirant d'eau, et ne sont pas pontés, les cargaisons se recouvrent avec des prélarts. Leur voilure consiste en deux focs et une grande voile enverguée sur une corne. On les construit dans la province de Drenthe, à Skenschniten, pour le transport des briques, des pierres et autres matériaux destinés aux grandes digues de défense contre la mer. A proprement parler, c'est un grand Tjalk, très solidement construit et le plus souvent à peu près plat et très large, ils portent un seul mât avec une grande voile sur corne. Ils appartiennent presque tous aux villages de Werkendam et de Sliedrecht.

Groninger Tjalk ne se distingue guère que par son avant très large.

Friesche Tjalk, *Tjalk de Frise*, diffère du précédent en ce qu'il a derrière une plateforme assez élevée, nommée *staats*, qui est à jour, les fargues sont mobiles, sans doute pour faciliter les chargements. En raison de leur plateforme, on les nomme quelquefois *Tjalk à staasts*. Leur mât peut s'abaisser. Les Tjalks vont du nord au midi du pays, en traversant le Zuiderzée; dans ces derniers temps, on en a construit en fer.

Gaffel kaag est à peu près semblable à la cague ordinaire.

Les *Turfeiker* ou *Eiker* se rencontrent près des villages de Zevenhuisen et de Nieuwerkerk, qui exploitent des tourbières et servent au transport de la tourbe. Ils sont longs et étroits afin de pouvoir pénétrer partout, même dans les fossés. Leur gréement est très simple, leur voilure consiste en un foc et une voile, qu'ils nomment *voile* ou *misaine de fortune*, leur mât se couche.

Le *Keulsche Aak*, *Acque* ou *Aque de Cologne*, est un bateau long et plat, avec un large gouvernail montant très haut. Leur pont est mobile, ils ont deux mâts qui se replient; on en construit en fer; ils naviguent sur le Rhin et parfois sur l'Escaut.

Le *Kraak* se rencontre sur toutes les eaux de la Hollande, mais surtout à Rotterdam, Dordrecht, Amsterdam, Utrecht et Zaandam, il en est qui ont un rouf à l'arrière. Ils n'ont qu'un mât, deux focs, une voile sur corne ou à livarde.

Les *Snikes* (fig. 86) sont très rares; on en voit à Warmond, près de Leyde, ils transportent en Zélande et au Brabant du poisson frais qu'ils prennent sur les *Pinques*, qui sont de petits bâtiments pêchant à la mer des harengs fumés, des fromages.

Les *Boks* se construisent à Gravaland et Auker-

FIG. 86. — *Snik*, bateau hollandais de la province de Leyde.

FIG. 87. — Bok, bateau hollandais.

veen, ils sont destinés au transport des tourbes, le logement se trouve devant et sur l'arrière s'ouvre une soute à voiles et cordages, ils portent une grande voile et un foc, le mât est à bascule (fig. 87).

Les *Boeiers of Jachten* ou *Yachts* sont en pointe devant et derrière, surtout en leurs œuvres mortes qui vont en s'élargissant, ils sont construits légèrement, pour marcher avec vitesse avec une voilure assez élevée. Ils ont une cabine sur le pont. On les trouve dans le haut des rivières Lek, Noord, Yssel jusque dans la Gueldre. En général, le Bœijer est un bateau dont le tirant d'eau est des plus faibles et qui, par suite, peut naviguer partout, même sur les bancs où l'eau est très peu profonde.

Poonen ou *Poon* sert à divers usage. C'est sur un Poon que l'on va au marché et alors l'embarcation présente un spectacle des plus riants, les fermiers et les fermières endimanchés, les belles filles, dont les fraîches joues n'ont rien à envier aux éclatants rubans de leurs atours, épanchent leur gaieté sur tous ceux qui les entourent, le rire emplit les bouches; on se promet bien du plaisir à la ville. Sur l'avant, de gras bestiaux, des volailles dodues, des monceaux de beaux légumes, des amas de beurre et de fromage, témoignent de la richesse du pays. On use aussi du poon pour le transport des voyageurs, il y en a d'organisés pour cela en services réguliers dans la Hollande méridionale, la Zélande et le Brabant; on se sert alors de *Poon* à pavillons, qui est la forme la plus ancienne :

son arrière est arrondi et sur cette partie elle porte un logement pour les voyageurs ; les chemins de fer les font disparaître. Il y a des poon ou ponen qui ont un staats et d'autres qui n'en ont pas ; généralement ils portent une grande voile et un foc. Ils sont en état de supporter de très fortes brises, mais leur vitesse n'est pas grande.

Le *Schoker* (fig. 88). Ce qui caractérise assez ce

Fig. 88. — Schoker.

flotteur, c'est la présence sur son avant d'une forte pièce de bois, sur laquelle repose le grappin et qui porte un treuil sur lequel est garnie sa chaîne. L'avant est assez effilé, c'est sous une tille en cette partie que se trouve le logement ; il porte une grande voile et une trinquette. Ce bateau se rencontre plus particulièrement dans le Zuiderzée, à Enkhuisen, à l'île d'Urk et près de celle du Texel.

Botter, flotteur de Volendam et de l'île de Marken, il ressemble beaucoup au Schoker, il n'en diffère guère qu'en ce que son avant est plus pointu.

Il en est encore un qui a la plus grande analogie avec ces deux derniers, c'est le *Blazer*, qui navigue à Ouddorp et Schlendam; ceux de l'île d'Urk ont des dimensions plus grandes que les autres.

Les *Hogaarts* ou *Hoogaars* sont des bateaux de pêche de l'île de Schouten, de Duiveland et de Krammer, on en voit près de Mœrdyk et à Arnemuiden, près de Middlebourg, dans l'île de Walcheren.

Le *Hengst* est une grande barque pointue de l'avant, à l'arrière rond et surbaissé, non pontée; c'est un fort ancien bateau, qui est plutôt belge que hollandais.

En l'île de Tholen-Zélande, on se sert du *Thoolsche Schourd*, il est plat, son avant est carré, l'arrière est comme celui des *Hoogarts;* il porte un seul mât avec une voile sur corne.

Dans les villages de Werkendam et de Shedrecht, on se sert d'un petit bateau, l'*Aak* ou *Aakje*, assez ras sur l'eau, il porte une voile enverguée sur une corne.

Une remarque s'impose lorsque l'on a vu quelques-uns des flotteurs hollandais : c'est que, par suite des formes massives de leurs extrémités, ils doivent difficilement marcher et, surtout à la mer, avoir une très grande dérive. Ils feraient peu de bonne route en effet s'ils ne rémédiaient à ce grave inconvénient en plaçant au vent une large semelle dériveur qui s'interpose contre le courant; c'est un palliatif très usité assurément, mais est-il vraiment efficace ? Les marins bataves y ont foi, et la foi sauve. Quoi qu'il en soit, ces lourds caboteurs hollandais, dont il va être question, sont de véritables rochers à la mer. Sur certains d'entre eux, lorsqu'il faisait mauvais temps, on amarrait la barre sous le vent, tout le monde se retirait à l'abri dans le logement bien chaud et à couvert des coups de mer, le chien du bord restait seul sur le pont pour avertir si quelque passant s'approchait de trop près.

La rencontre de quelques-uns de ces navires, paraissant ainsi abandonnés et pourtant si bien tenus, semblant naviguer dans les meilleures conditions bien qu'au milieu de la tempête, tenant tête à l'ouragan, ne faiblissant nullement sous les assauts répétés des vagues monstrueuses, et qui, selon toute apparence, n'était hanté par nul être humain, sur le pont duquel un chien seul se montrait, a donné peut-être lieu à la légende du Grand Voltigeur hollandais. Les matelots qui ne fréquentaient guère les mers du Nord, peu habitués aux coutumes des marins des Pays-Bas, ne pouvaient admettre que tout un équipage fût au lit pendant le mauvais temps, et ils n'expliquaient cette absence de tout homme qu'en supposant un navire enchanté ou maudit, que la mer portait de vague en vague sur tous les océans. Quant au chien, c'était l'âme du capitaine, dont les méfaits et ceux de ses hommes l'avaient fait condamner à errer sans repos de latitudes en latitudes et l'avaient ainsi rendu le juif errant de la mer.

Les anciens caboteurs hollandais (beaucoup ont disparu) étaient, en suivant l'ordre alphabétique :

Fig. 89. — Cague.

La *Belandre, Bylander*, dont la voilure est presque celle d'un brick si ce n'est que la brigantine est, ainsi que cela se pratiquait sur les vaisseaux du XVIIe siècle, enverguée sur une vergue en antenne. Par suite, la voile débordait de beaucoup sur l'avant du mât.

Le *Boïer à fond*, plat, de 25 à 30 mètres de long, ayant un grand mât, un mât de tapecul et un beaupré.

La *Cague, Kaag, Gaffelkaag*, était un petit

bâtiment à fond très plat, n'ayant qu'un mât très incliné sur l'avant, portant une grande voile à livarde et un foc (fig. 89); elle ne faisait que le petit cabotage.

Le *Dogre*, *Dogrebot* ou *Dogerbot*, était un bâtiment, propre d'abord au Doger bank, d'où il tire son nom, employé en premier lieu pour la pêche ;

Fig. 99. — Galiotte.

son usage s'étendit et on s'en servit même en France,

La *Galiotte* était le type le plus répandu des caboteurs bataves, aux joues rebondissantes, aux larges fesses, pimpante et reluisante, car elle était toujours galipotée avec le plus grand soin (fig. 90). On la trouvait brillante dans les ports où elle venait apporter des cargaisons de fromages, mêlée à d'autres bâtiments pour lesquels on n'avait pas les mêmes soins et elle faisait contraste, en témoignant de cette réputation d'excessive propreté des habitations et des habitudes hollandaises. C'était bien aussi une demeure, car souvent son capitaine, en même temps son propriétaire, avait toute sa famille avec lui, femme, enfants aux figures roses, jouflues et réjouies, qui égayaient le séjour ; les garçons se familiarisant avec tout ce qui regardait les choses de la mer, devenaient en grandissant des marins expérimentés, qui faisaient honneur au père auquel ils succédaient dans un métier qu'ils considéraient comme digne de leur amour. C'est ainsi que la Hollande avait des hommes de mer remarquables. Si l'on pénétrait dans la chambre, on était émerveillé du luxe de propreté qu'elle présentait : pots d'étain à l'éclat de l'argent, faïences du pays aux vives couleurs, boiseries si bien tenues qu'on les dirait toujours vernies de frais; aux yeux de l'étranger, elles semblaient de petits palais; pour les habitants, rien que d'ordinaire.

Ce navire portait un mât de l'avant, sur lequel il gréait une misaine, un hunier, un perroquet, trois focs et une misaine-goëlette. Sur l'arrière, un mât plus petit, avec une grande voile sur corne ou brigantine et une flèche.

Une remarque à faire, c'est que tous les bâtiments de cette sorte et leurs analogues se gouvernent à la barre franche.

Un petit caboteur dont la carène est très plate afin qu'il puisse passer partout, est le *Heu,* portant une grande voile à livarde, un tapecul et un foc.

Les *Hourques* ou *Houcres*, *Houker*, sont quelquefois des bâtiments d'une assez grande capacité, aussi ne sont-elles pas toujours destinées au cabotage. Généralement, elles sont mâtées en bricks, avec des mâts à pible placés en arrière et ont de

Fig. 91. — Koff, bâtiment à deux mâts.

nombreux focs très grands, dont une partie seulement s'amure sur le beaupré.

Si la Galiotte a quelque analogie avec la Goëlette des autres marines, le *Koff* est dans le même cas vis-à-vis du Côtre; seulement c'est toujours, quant au corps du bâtiment, une carène et des œuvres mortes de la façon hollandaise et qui semblent avoir la même forme d'un bout à l'autre du navire, les fonds le plus plats possible avec un avant et un arrière aussi arrondis que cela se peut.

On donnait aussi parfois le nom de *Koff* (fig. 91) à un bâtiment à deux mâts, dont les basses voiles étaient à livarde et qui avaient des huniers sans perroquets.

Parmi les bateaux que nous avons signalés comme parcourant les eaux douces des Pays-Bas, il en est quelques-uns, qui par circonstance s'aventurent à la mer et deviennent caboteurs pour un temps.

Les Anglais et les Hollandais ont aussi employé à la pêche du hareng un petit navire à trois mâts portant des voiles carrées, très défendues sur l'avant pour résister aux coups de mer et s'élever sur la lame. Ils portaient le nom de *Buche, Buss* ou *Fliboat*.

BATEAUX BELGES

En Belgique, pays qui se trouve presque dans la même situation hydrographique que la Hollande, le nombre des flotteurs sur les eaux intérieures est considérable et les espèces assez variables ; nous allons faire connaître la plupart d'entre elles :

Les *Brabandsschip* ou *Beurt,* de 20 mètres de longueur environ, tirant jusqu'à 2 mètres d'eau, pouvant porter de 115 à 120 tonnes. Ils sont très solides, très tonturés et en bois de chêne. Un seul mât, une grande voile et deux focs. On les construit à Burght et à Boam, mais on n'en fait plus que très peu ; ils fréquentent Anvers, Bruxelles, Louvain, Gand, Alost, Bruges, etc., et remontent quelquefois sur le Rhin.

L'*Otter* est à peu près de même forme que le Brabandsschip, mais plus plat en son milieu et de construction plus légère ; il ne dépasse pas 15 mètres en longueur. Même voilure que le Brabandsschip avec un tapecul en plus. On les voit sur tous les canaux belges, ils vont parfois jusqu'en France.

Le *Pleit*, type très rapproché de l'Otter, avec moins de tonture et un peu moins de renflement sur l'avant. Il en résulte qu'il marche un peu mieux, ce qui est dû également à sa construction plus légère. Sa longueur est de 20 à 35 mètres, sa largeur de 5 mètres. Porte une grande voile, un foc et un tapecul ; il peut porter jusqu'à 300 tonnes. Il navigue sur les canaux de Belgique, en France et en Hollande sur le Rhin.

Le *Schuit*, d'un type que l'on dit démodé, n'a que de 10 à 12 mètres de longueur, 5 mètres de large ; très solidement construit, il ne porte que 60 tonnes au plus.

Le *Bateau Wallon* ou *Waal*, de 34 à 38 mètres de longueur, de construction légère, ayant à peu près la forme d'un parallélipipède, légèrement arrondi aux deux bouts ; ils ont un petit mât au milieu, peuvent porter plus de 300 tonnes et sont employés sur tous les canaux de Belgique et dans le nord de la France. On n'en voit pas sur le Rhin. On les construit à Tournai, Tourcoing, Charleroi, Condé, etc.

Les *Baquets d'Arras*, mêmes formes que les Waals, mais moins longs. Leur nom leur vient de ce que ce sont les seuls bateaux de ce genre qui parviennent à arriver jusqu'à Arras. Ils peuvent porter 200 tonnes.

On nomme *Chalands* des flotteurs à étrave droite, de mêmes dimensions à peu près que les bateaux wallons. Plus effilés de l'avant, ils offrent moins de résistance à la marche, et quand il faut deux chevaux pour la remorque des premiers, un seul suffit pour les chalands. On s'en sert dans les mêmes localités que celles où s'emploient les bateaux wallons.

Spitz, Sambresse, Bylander. — Le Spitz et le Sambresse, en wallon *Hunas*, ont l'arrière et l'avant très relevés. On les construit aux environs de Liège et à Vizé; ils naviguent sur la Meuse, la Sambre et les canaux. On en construit actuellement en fer ; le type est des plus anciens.

Les *Bylander, Belandes* en wallon, sont à peu près semblables aux bateaux wallons et aux baquets d'Arras.

Poenschuit, Bargie, Tjalk et *Rhinschip*. — Ces bateaux, quoique naviguant dans les eaux belges, sont d'origine et de construction hollandaise ou rhénane; ils entrent dans les grandes voies et se rendent à Anvers, Bruxelles, Louvain, Gand, etc.

On construit actuellement en fer, des bateaux pointus aux deux extrémités, portant jusqu'à 400 tonnes, que les riverains de la Meuse belge appellent *bateaux pointus*.

Quant aux caboteurs des ports de la Belgique,

ils tiennent à la fois des types hollandais et de ceux des départements du nord de la France.

C'est également ce qui a lieu pour les bateaux de pêche un peu grands.

EAUX DOUCES DE FRANCE

Sur les eaux douces de France, les types ne sont pas fort nombreux, bien que subissant quelques modifications suivant les pays.

Fig. 92. — Gribane.

Dans le Nord, on trouve les *Gribanes,* bateaux plats dont les façons avant et arrière ont de l'analogie avec celles d'un canot (fig. 92). Leur gouvernail est muni d'un aileron, qui peut être relevé ou immergé au moyen d'un palan. Ces bateaux n'ont pas de mâts et sont couverts, dans toute leur longueur, d'écoutilles mobiles, pour garantir les chargements ; le logement est sur l'arrière.

Les *Bélandres* sont des bateaux plats, très arrondis aux deux extrémités, recouverts par des panneaux (fig. 93). Le logement destiné au patron, qui a ordinairement sa famille avec lui, se trouve au milieu du bateau et en partie au-dessus du pont.

Elles ont un mât à bascule sur lequel on peut établir une voile trapézoïdale, comme celles des Lougres. Les Bélandres font souvent de grands trajets et beaucoup portent des chargements considérables, parfois 250 tonneaux. Un caboteur de Dunkerque se nomme aussi *Bélandre*. Ces deux sortes de flotteurs sont particuliers aux canaux et rivières navigables du nord de la France, ainsi que les

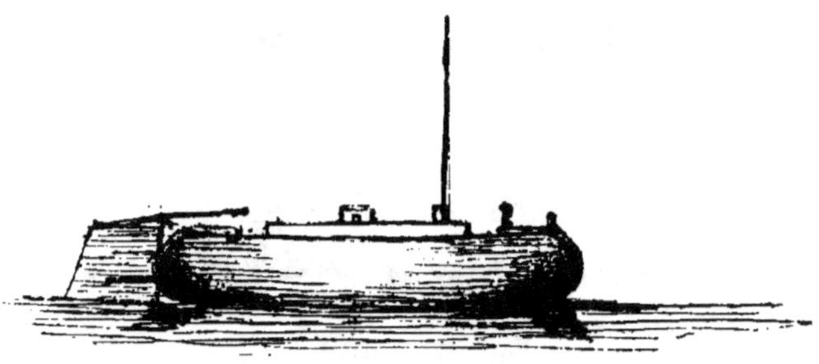

FIG. 93. — Bélandre.

Péniches, grands bateaux plats que l'on rencontre souvent jusque dans le canal de Bourgogne.

Le nom de *Gabarre* s'applique sur toute l'étendue du territoire, mais il ne répond pas toujours à des bateaux exactement semblables : celles de la Seine diffèrent même entre la haute et basse Seine ; puis il y a celles de la Loire, du Cher, de la Vienne, de la Creuse, de la Charente, de la Dordogne, de la Garonne et de l'Adour. Celles qui dans la Gironde font le transport des vins entre les ports de l'Entre-deux-Mers, du Blayais, du Médoc et de Bordeaux, sont fort différentes de celles des rivières que nous venons de nommer, et si elles ont des formes aplaties elles n'en représentent pas moins des coques de petits navires ; elles portent une voilure analogue à celle d'un Côtre.

Sur le Rhône, on emploie aujourd'hui des Gabarres en tôle.

Sur la Loire, la Vienne et la Creuse, on se sert d'un diminutif de la Gabarre que l'on nomme *Gabarreau* ou *Gabarrot*. On en trouve aussi sur la Charente.

Fig. 94. — Flûte de l'Yonne.

Les premières de ces rivières portent un flotteur, qui pourrait bien leur être spécial et que l'on nomme *Canalier*.

On appelle *Cadole* une grande embarcation, employée sur le canal de Bourgogne et ses affluents, avec celle appelée *Berrichon*.

L'Yonne a ses *Flûtes*, qui passent dans les canaux voisins (fig. 94), avec les Péniches du Nord, qui portent jusqu'à 350 tonnes. Elles ont une écurie pour les chevaux qui les halent.

On y trouve aussi des flotteurs désignés sous le

nom de *bateaux prussiens*. Ils sont un peu moins longs que les péniches et ont leur avant plus allongé. Ils viennent d'Allemagne, de canaux en canaux, mais ne dépassent guère le département de la Côte-d'Or.

Sur la Loire, la Creuse, le Cher et la Vienne, il est un bateau, portant le nom de *Sapine*, qui diffère un peu de ceux du même nom, qui sur l'Adour viennent à Bayonne chargés de résine. Celles du Rhône sont plus particulièrement destinées à charger du sable.

Sur les mêmes eaux douces, on trouve les *Chalands*. Mais il y a bien des espèces de Chalands : depuis ceux employés dans les arsenaux de la marine, qui ont d'assez grandes dimensions et qui servent à porter le matériel à bord de bâtiments en armement, jusqu'à ceux de la Seine (fig. 95), et jusqu'à de médiocres flotteurs que l'on rencontre en bien des lieux.

Sur la Creuse, se voit un bateau nommé *Montluçon*, du nom de la localité où on le construit,

Il y avait autrefois sur l'Adour un singulier bateau de charge. Afin de pouvoir le faire remonter aussi haut que possible, et pour cela le faire tirer aussi peu d'eau que faire se pouvait, on le garnissait de chaque bord de boudins en bois vides, sorte de soufflage enflé, qui, on le comprend, allégeait singulièrement le flotteur, surtout lorsqu'il était chargé. C'était, d'une part, le système employé aujourd'hui pour les bateaux insubmersi-

Fig. 95. — Chaland sur la Seine.

bles ; d'autre part, le même mode que celui qui consistait à user de *chameaux* pour donner aux va isseaux hollandais[1] un tirant d'eau plus faible, afin qu'ils puissent naviguer dans toutes les passes des ports et rades des Pays-Bas. Ces bateaux portaient le singulier nom de *Charibardons*.

Le Rhône, dont les courants sont, sur quelques points, d'une extrême rapidité, nécessite, par cette raison, certaines particularités dans les bateaux qui y sont employés. Celle qui est la plus remarquable, se rencontre sur un type de remorqueurs à vapeur que l'on a désigné sous le nom de *Grappins* ou *Remorqueurs à grappins*, quoique cette dénomination ne soit pas bien exactement la signification de ce qué l'on a voulu exprimer et de ce que l'on emploie.

Ces remorqueurs vont chercher un point d'appui sur le lit du fleuve au moyen d'une grande roue armée de longues dents. On la descend sur le fond et elle en suit les aspérités, et y pénétrant tout en étant actionnée par les machines motrices. Lorsque la profondeur du fleuve empêche la roue-grappin, si l'on veut, d'arriver jusqu'au fond, le remorqueur amarre son convoi de bateaux sur une des rives et remonte seul à l'aide de ses roues en déroulant un câble en fil de fer, sur le bout duquel le convoi est fixé. Aussitôt que le passage profond est franchi, le Grappin laisse tomber sa roue qui lui sert d'ancre;

---

[1] V. p. 141.

il vire sur le câble, qui, en s'enroulant de nouveau sur son treuil, remorque le convoi jusqu'au point qui est celui qu'il doit occuper, puis le bateau continue sa route en grappinant, jusqu'à la rencontre d'une nouvelle profondeur.

Ces convois se composent de plusieurs sortes de bateaux :

D'abord les *bateaux plats*, nommés ainsi de tout temps, sur le Rhône et la Saône qu'ils remontent jusqu'à Gray;

FIG. 96. — Savoyarde.

FIG. 97. — Rigue.

Des *bateaux baillés*, qui sont à peu près les mêmes que les premiers ;

Des *Savoyardes* (fig. 96), qui ont jusqu'à 70 mètres de longueur ; leur plat-bord est surmonté de fargues, afin que, lorsqu'elles sont fortement chargées, les vagues dues à la vitesse ne puissent embarquer.

Les *Rigues* (fig. 97), qui sont des bateaux plus petits que les Savoyardes, ayant l'avant un peu relevé.

Sur le canal de Givors, les *Sislands* ne diffèrent guère des Rigues ; ils sont un peu moins façonnés dans le plan horizontal. Il en est de même des bateaux du canal d'Arles à Bouc, qui n'ont pas de dénomination spéciale ; même chose pour ceux du canal de Beaucaire à Cette.

Les *Allèges* d'Arles (fig. 98), que les chemins de fer ont totalement fait disparaître, étaient des ba-

FIG. 98. — Allège d'Arles.

teaux à fonds tout à fait plats qui pouvaient franchir la barre du Rhône ; elles portaient des bois de construction, des pierres, des fourrages, etc.

Dans quelques autres parties de la France, on donne le nom d'*Allèges* à des bateaux destinés au chargement et au déchargement des navires. Il y en a aussi dans les arsenaux de la marine.

Sur plusieurs rivières de France, il y avait ce qu'on appelait des *Coches* ; celui de Paris à Auxerre avait une certaine célébrité. C'étaient des bateaux aménagés pour porter des voyageurs ; ils faisaient un service régulier entre des points déterminés du cours des rivières sur lesquelles ils naviguaient. On en voit encore à Bayonne, apportant au marché de cette ville les denrées de Peyrhorade, sur le Gave, de Bidache, de Guiche, etc., sur la Bidouze. Ils ont une clientèle de passagers, qui ne les abandonne pas, malgré la plus grande célérité du chemin de fer.

LES BRICKS

Au nombre des caboteurs français les plus usités, on doit placer le *Brick;* ce n'est guère autre chose que l'ancien Brigantin, auquel quelques modifications ont été apportées afin de le mieux approprier aux conditions modernes de la navigation. Est-ce parce que le *Brigantin* portait une voile, que l'on nommait *Brigantine*, qu'il en a pris le nom, ou bien est-ce la voile qui fut appelée d'après le navire ? On n'est pas bien d'accord à ce sujet. Toutefois, la dénomination est demeurée et la voile se retrouve sur tous les bâtiments de ceux que l'on nomme *carrés*.

Le Brick est souvent un bâtiment coquet et qui peut bien marcher, tout en portant un tonnage relativement fort. Il y a des Bricks qui peuvent charger 350 tonneaux. Dans ce cas, on ne les emploie guère au cabotage, ils naviguent au long cours.

Nous avons déjà indiqué quelle était la voilure qu'ils portaient sur leurs deux mâts.

Ce genre de navire n'était pas employé seulement pour le commerce ; la marine militaire avait ses Bricks, qui, malgré leur petitesse comparée à celle des vaisseaux, n'en figuraient pas moins à côté de ceux-ci dans le combat.

Lorsque l'amiral Roussin força l'entrée du Tage, ou plutôt celle de Lisbonne, avec une escadre française, il avait des Bricks qui passèrent aussi vaillamment sous le feu des forts et des batteries entre lesquels il fallait défiler, que les frégates aux canons plus puissants.

Comme Bricks de guerre, il y en avait de dix, de seize et de vingt canons ou caronades. Les premiers étaient de jolis navires, mais on leur reprochait d'être un peu trop ras sur l'eau, et c'est à cette cause que fut attribuée la perte de la *Lilloise*, navire de ce type commandé par le lieutenant de vaisseau de Blosseville, officier brillant et plein d'avenir. Envoyé dans les mers d'Islande, avec mission de protéger les pêcheurs français dans ces parages, il disparut, sans qu'on ait jamais eu le moindre indice de la façon dont il avait péri, et cependant des bâtiments plus forts furent envoyés à sa recherche, mais ils ne découvrirent rien de lui.

Les navires de ce genre portaient la dénomination de *Bricks-avisos*. En raison de leurs petites dimensions et de leur légèreté, on les destinait à servir d'éclaireurs dans une escadre, à courir aux informations, à en rapporter à l'amiral, à le renseigner sur ce qui se passait hors de sa vue, à l'aviser, de là le mot *Aviso*.

Vers l'époque où fut livrée la célèbre bataille de Navarin, un Brick pirate grec, la *Panaïoti*, fut capturé par une frégate française, dans l'Archipel, et le commandement en fut confié à l'enseigne de vaisseau Bisson ; on lui donna pour second le pilote de la flotte, Trementin, et une dizaine de matelots pour équipage. Forcé par un coup de temps de se réfugier dans une baie de l'île de Sphactérie, il comprit qu'il ne s'y trouvait pas à l'abri des attaques que les insulaires ne manqueraient pas de tenter contre le *Panaïoti*. Il prit donc toutes les précautions qu'il put et attendit les événements.

Le jour même où il vint au mouillage, vers huit heures du soir, et bien que la nuit fût assez noire, il vit venir sur lui deux grands *Misticks* qui paraissaient chargés de monde. Il se mit immédiatement en défense, mais s'apercevant bientôt qu'il ne pouvait résister au nombre des assaillants, il appela son second, lui ordonna de faire jeter tous ses matelots à la mer et d'en faire autant ; puis, quand il crut que tous les envahisseurs avaient sauté à bord, muni d'une mèche allumée, il descendit à la soute aux poudres et y mit le feu, se faisant sauter avec tous les pirates.

Ce jeune enseigne était Breton ; son action héroïque méritait que le souvenir en fût perpétué ; la marine lui a élevé une statue à Lorient, sa patrie.

Le pilote Trementin qui n'avait pas voulu se jeter

à la mer, son commandant restant à bord, fut
lancé en l'air par l'explosion et vint tomber vivant
sur une plage voisine du mouillage du brick ; recueilli, il revint en France, fut nommé enseigne
de vaisseau et mourut quelque quarante ans après,
à Belle-Isle-en-Mer, son pays.

En 1830, M. Dubreuil, lieutenant de vaisseau (il
fut depuis notre professeur de manœuvre à l'École
navale), commandait le Brick de dix canons. la
Surprise, qui était affecté au blocus d'Alger. Quelques jours avant l'arrivée de la flotte française devant cette ville, pendant le court séjour qu'elle fit
à Mahon, la *Surprise* louvoyait hors de portée des
canons d'Alger. Un beau matin, les blanches maisons de la ville barbaresque sortaient des vapeurs
dissipées par l'aurore, scintillant sous les feux des
premiers rayons du soleil d'Afrique qui venaient
en même temps miroiter sur l'azur d'une mer, gracieusement ondulée par de petites vagues à peine
soulevées par une jolie brise. Peu à peu, avec la
lumière de plus en plus vive et qui s'élevait gra-
duellement, l'horizon s'était agrandi en même
temps qu'éclairé et les vigies du Brick ne tardèrent
pas à apercevoir et à signaler un grand bâtiment
venant du large. Comme il faisait route ainsi qu'il
le fallait pour entrer à Alger, on crut d'abord qu'il
appartenait à la flotte et qu'il avait une mission à
remplir auprès du dey, bien que tout fût rompu
entre la France et lui, depuis longtemps.

Mais avec la diplomatie, on le savait, il y avait

toujours des imprévus. Pour un navire du blocus, ce n'en était pas un, on les connaissait tous, et il s'était assez rapproché pour que, en cet instant, si c'eût été l'un d'eux il eût mis son numéro. Peu à peu, le rapprochement aidant, les formes apparurent plus distinctes, la coupe des voiles mieux dessinée ; le bâtiment en vue devait être anglais ; bientôt le doute n'existait plus et ayant encore franchi l'espace d'un mille environ, la frégate, car c'en était une, arbora le pavillon de cette nation. Aussitôt qu'il l'eût reconnue, le commandant de la *Surprise* manœuvra pour intercepter la route à ce navire, qui avait tout l'air de vouloir forcer le blocus. Il avait pris la panne de manière à obliger la frégate à communiquer avec lui. En persistant, en effet, à conserver cette allure tantôt sur un bord, tantôt sur l'autre, il demeurait toujours devant elle ; l'Anglais fut ainsi forcé à faire de même, à mettre aussi en travers, et la conversation s'engagea :

« Vous ne pouvez ignorer que, depuis deux ans, un blocus effectif s'oppose à l'entrée de quelque navire que ce soit en rade d'Alger ; je suis chargé d'une partie de la surveillance qu'il commande et je vous avertis que je ne vous laisserai pas passer. »

Telles furent les premières paroles que prononça M. Dubreuil.

« Mais, répondait aussitôt le commandant anglais, j'arrive de Constantinople ; j'ai à bord un commissaire du Sultan, chargé d'une mission auprès du dey, je passerai donc !

« Je ne sais ce que signifie ce que vous me dites d'une mission semblable, je n'en ai pas été informé par mes chefs. J'ai des ordres, je ne connais qu'eux, et suis bien décidé à les exécuter rigoureusement, et vous ne passerez pas.

« Mais, monsieur, je dois passer et passerai.

« Tambour, branle-bas de combat! » riposta M. Dubreuil.

Et, en un clin d'œil, la pauvre petite batterie du Brick-aviso était armée, les gabiers, dans les hunes, armés de fusils et mousquetons, un pavillon blanc, le grand pavillon de poupe, remplaçait à la corne celui plus petit qui s'y trouvait depuis longtemps, on en hissait un en tête de chaque mât et le fier Brick montrait à la Frégate, qui n'était guère éloignée de lui que d'une portée de pistolet, qu'il était prêt à engager un combat, non douteux quant à l'issue, mais qui eût eu des conséquences considérables.

« Vous me voyez tout prêt à ouvrir mon feu sur vous, si vous persistez, » reprit M. Dubreuil, aussitôt le branle-bas de combat terminé.

L'Anglais déjà en colère était sur le point de se laisser aller ; un rien eût produit le choc, le commandement : Feu! était suspendu aux lèvres du commandant de la *Surprise*, bien résolu à se faire couler plutôt que de transiger avec son devoir. Peut-être cette ferme résolution animait-elle tellement le visage du jeune officier qu'elle fut comprise par son antagoniste, qui, cependant, voulut encore essayer de vaincre une telle résistance, espérant y réussir en invoquant la responsabilité qu'entraînerait l'échec de sa mission, il protesta en déclarant qu'elle était de la dernière importance, mais voyant qu'il ne pouvait ébranler l'inflexible volonté de ne pas le laisser passer, il sentit bien qu'il n'avait qu'à céder, et reprit le chemin du large.

C'est à cette héroïque résistance, à cet accomplissement courageux du devoir, à ce dévouement d'un faible contre un fort, faisant abnégation de sa vie et de celle de son équipage, tout aussi décidé que lui-même à ne pas trangresser avec des ordres reçus, tous se sacrifiant vaillamment à l'honneur du pavillon, que l'on doit peut-être la prise d'Alger, et la conquête de l'Algérie.

La Frégate anglaise, ainsi arrêtée en vue d'Alger où elle allait entrer sans la rencontre du Brick la *Surprise*, venait en effet de Constantinople.

Le Sultan avait accordé à la diplomatie anglaise la déposition du dey Achmet ; il avait nommé son successeur, qui prit passage sur le bâtiment que nous avons vu si bien résolu à forcer le blocus. S'il avait réussi, une fois en ville, le nouveau Dey devait faire étrangler celui qui régnait, puis offrir à la France toutes les satisfactions qu'elle avait vainement réclamées. La politique anglaise eût peut-être réussi à entraver notre action. Cependant on peut croire que non. Charles X était bien résolu et bien décidé à supprimer cette régence en lutte constante, mais sourde, avec la chrétienté, et il est très probable qu'il n'aurait pas accepté la solution que l'Angleterre croyait avoir trouvée et pour laquelle elle avait occultement travaillé. Ce qui nous le prouve c'est ce qui se passa après la prise d'Alger. « Qu'allez-vous faire de cette conquête ? » demandait le ministère anglais au nôtre, et le roi répondait : « Cette question ne regarde que la France, aucun étranger n'a le droit de s'en occuper ». Et comme de l'autre côté de la Manche on insistait, ce fut encore le roi qui répondit : « Nous l'avons prise, nous la garderons. » Quelques-uns disent que, comme conséquence de ce langage ferme, péremptoire et français, le premier coup de fusil tiré à Paris le 27 juillet 1830 le fut par un Anglais.

Ces réponses ne sont guère connues ; après la révolution de juillet, on s'efforça de les couvrir des voiles le plus épais possible, elles sont pourtant authentiques, nous les tenons de l'éminent ministre de la marine de cette époque, le baron d'Haussez, qui était auprès du roi, lorsqu'il les dicta au ministre des affaires étrangères. M. d'Haussez avait une grande bienveillance pour nous et nous tenons de lui bien des appréciations, qui nous ont montré que souvent celles du public sont erronées.

Il nous semble que cet épisode de notre histoire contemporaine mérite bien d'être relaté ; nous ne savons si on en trouverait quelque part la relation, si nous sommes les premiers à en parler, nous nous sentons heureux d'avoir pu proclamer aussi haut qu'il nous a été possible de le faire, la belle, honorable et héroïque conduite de M. Dubreuil et la patriotique énergie, avec laquelle son équipage le seconda. C'est vraiment là du patriotisme, du patriotisme français. Et si nous parvenons à populariser ce glorieux épisode du blocus d'Alger, nous en éprouverons une réelle satisfaction.

Quelques-uns des Bricks de l'État avaient, en France, usurpé les noms appartenant à l'armée de terre, et ce qui est plus singulier à la cavalerie, c'étaient le *Hussard*, le *Dragon*, le *Cuirassier*, le *Lancier*, le *Chasseur*, le *Grenadier*, le *Voltigeur*, le *Pandour*, etc.

Dans la marine anglaise, il y avait quelques types de Bricks fort remarquables.

Du temps des galères, un navire à rames portait le nom de *Brigantin*.

A côté du Brick, on doit placer la *Prame*, gréée comme celui-ci, mais plus large et à fonds très plats, destinée à porter des canons de fort calibre et par son peu de tirant d'eau pouvant se tenir fort près de terre. Les Prames pouvaient ainsi servir comme des forts à la défense de la côte. Napoléon Ier en avait fait réunir un assez grand nombre aux divers navires composant la flottille de Boulogne, qui devait opérer une descente en Angleterre.

LES GOËLETTES ET LES TYPES INFÉRIEURS

Après le Brick, vient la *Goëlette ;* entre les deux, il y a un type mixte, le *Brick-Goëlette*, qui au mât de misaine porte la voilure d'un Brick, et au grand mât, seulement une grande voile latine et une flèche.

La Goëlette est souvent un bâtiment fin et élégant, qui marche bien, surtout au plus près, serrant le vent mieux que les carrés. Aussi s'en sert-on fréquemment comme *Yacht* ou bateau de plaisance. Comme caboteur on l'emploie surtout aux petites traversées qu'elle accomplit rapidement.

Fig. 99. — Balaous.

Dans les ports du Nord, du Pas-de-Calais, de la Manche et de la Bretagne, on arme un assez grand nombre de Goëlettes pour la pêche de la morue. Cette pêche se fait dans les mers avoisinant l'Islande, mers périlleuses dont Pierre Loti a si bien dépeint tous les dangers aussi bien que toutes les souffrances auxquelles les marins qui s'y engagent sont exposés. De Saint-Malo, on envoie quelques Goëlettes sur le banc de Terre-Neuve.

Aux Antilles, on se sert beaucoup, pour le cabotage d'une île à l'autre, d'un type particulier de Goëlette, que l'on nomme *Balaou*. Le Balaou (fig. 99) est encore plus fin que la goëlette ordinaire, sa mâture est plus élevée et paraît frêle, si on la compare à celle des autres.

A l'époque où le Mexique était en lutte avec l'Espagne pour conquérir son indépendance, quelques aventuriers avaient armé des Balaous et de grandes Goëlettes, et sous prétexte de faire du tort au commerce espagnol ils parcouraient toutes les mers des Antilles et se livraient à la piraterie. Lorsqu'on en eut à peu près purgé ces parages, on vit surtout à Cuba, armer un grand nombre de Goëlettes qui firent la traite des Nègres. Parmi les marins qui se livrèrent à ce trafic bien qu'il fût des plus rémunérateurs, quelques-uns, sans doute reste des forbans de tout à l'heure, au lieu d'aller consciencieusement acheter les noirs, attendaient au large des factoreries d'esclaves sur la côte occidentale d'Afrique, particulièrement dans les golfes de Benin et de Biafra, les navires chargés. Et comme dans le but de ne pas acheter, mais de prendre, ils s'étaient pourvus de canons et d'armes, ils s'emparaient de la cargaison des premiers négriers qu'ils rencontraient en croisant devant Boni ou le Vieux Calabar.

La marine de guerre possédait aussi des Goëlettes portant six à dix canons, elles étaient employées dans les stations coloniales aux ordres des gouverneurs, les transportant sur les points où leur présence paraissait nécessaire, portant leurs ordres, faisant les courriers avant les bateaux à vapeur qui les remplacent aujourd'hui. Elles surveillaient aussi la pêche et la protégeaient.

Les *Côtres* n'étaient pas très nombreux parmi les caboteurs, on n'en voyait guère que dans la Manche à Cherbourg, on s'en servait surtout

Fig. 100. — Côtre de l'Etat.

pour faire la contrebande sur la côte anglaise, pour cette raison on les désignait sous le nom de *Smugglers*, contrebandiers, ceux-là avaient une marche vraiment supérieure (fig. 100). La marine militaire se servait aussi de Côtres qu'elle armait de six à huit caronades, ils étaient presque tous affectés à la police et à la protection de la pêche et stationnaient généralement dans les ports de Bretagne, des côtes de la Manche et du Pas-de-Calais.

Ils étaient commandés par des lieutenants de vaisseaux. C'étaient de jolis petits navires, ayant de bonnes qualités de mer. Il y en avait de plus grands, mais pas en France ; en 1846, nous en avons vu un de seize canons à Athènes, il était russe.

Nous avons encore, en France, quelques Caboteurs, qui sont des Côtres modifiés ; on leur ajoute un mât de tapecul sur lequel ils gréent une voile trapézoïdale, ce qui change complètement leur caractère. On les appelle *Côtres-Dandys,* non que cette épithète leur donne une apparence plus coquette que celle des navires d'où ils dérivent, nous ne pensons pas d'ailleurs que ce mot ait d'autre valeur qu'une désignation donnée, en Angleterre, sans intention d'application.

Un des caboteurs les plus employés sur les côtes de France, de l'Océan, est le *Chasse-Marée,* type qui reçoit d'assez nombreuses modifications dans ses dimensions et ses formes. On en construit à poupes rondes, d'autres à poupes carrées, mais ils sont toujours voilés de la même façon, de trois voiles trapézoïdales, Misaine, Taillevent, Tapecul et d'un Foc. C'est surtout en Bretagne que ce genre de navire était le plus répandu, il commence à disparaître, comme tous les bâtiments appartenant au cabotage, cependant on en voit encore quelques-uns.

Le *Lougre* n'est guère autre chose qu'un Chasse-Marée avec des dimensions plus grandes, des formes plus fines, et parce qu'en dessus de ses voiles ordinaires, il en porte de même forme, plus petites et qui font l'effet de *huniers* ainsi qu'elles sont appelées par cette raison.

La marine de guerre en avait quelques-uns, il y en eut un entre autres, qui sous les ordres de M. Ducouëdie, commandant la frégate *la Surveillante*, prit part au glorieux combat de celle-ci contre la frégate anglaise le *Québec*, qui prit feu et sauta.

Un autre Lougre, le *Coureur*, portant huit canons de six, commandé par le chevalier de Rosily, prit part au combat de la *Belle-Poule* qui, fut le premier de la guerre de l'indépendance de l'Amérique. Ce genre de bâtiment n'a été employé qu'à la fin du dernier siècle. Jal ne les signale que vers 1778.

Pendant les guerres du premier empire, bon nombre de lougres furent spécialement construits pour être armés en Corsaires. Ils firent subir d'é-normes pertes au commerce anglais.

Un petit caboteur breton portait le nom de *Chatte* ; ce qui le particularisait, c'est que l'avant et l'arrière étaient faits de même et portaient chacun un gouvernail, cette disposition favorisait singu-lièrement ses évolutions dans des parages où les roches à éviter abondent.

Dans le nord de la France, la *Bisquine* servait plus particulièrement à la pêche, cependant on en employait quelquefois pour porter des marchan-dises d'un port à un autre.

On se servait également dans les mêmes régions

du *Dogre* (fig. 101); portant un mât de brick sur l'avant, et sur l'arrière un mât que l'on pouvait appeller « mât d'artimon » et sur lequel une seule voile, une brigantine, se gréait.

Le *Senau* n'en différait que parce que cette voile de brigantine était enverguée avec des cercles sur un mât additionel placé en arrière du mât d'arti-

Fɪɢ. 101. — Dogre caboteur des côtes nord de France, aujourd'hui disparu.

mon en question et qui était tenu par lui, puis sur une corne dont les mâchoires embrassaient le mât de senau, ainsi que s'appellait ce mât supplémentaire dont on comprend bien l'utilité, la voile pouvant rapidement s'amener au moyen des cercles, jusqu'à ce que la corne vînt reposer sur le guy.

Dans la Méditerranée, le Dogre portait le nom de *Bombarde*, il y en avait d'un assez fort tonnage.

Les *Sloops* étaient peu nombreux et d'un faible tonnage, c'était un diminutif du Côtre.

Le *Flambart*, nom peu usité et seulement dans la Manche, était un Côtre dandy.

CABOTEURS MÉDITERRANÉENS

En Provence et dans le Roussillon, on se servait plus volontiers d'une mâture d'une seule pièce pour gréer les Bricks, les Goëlettes, quelquefois des Bombardes, on désignait alors ces bâtiments ainsi mâtés sous le nom de *Polacres*. L'avantage qu'ils présentaient c'est que, dans un grain ou un coup de vent subit, toute la voilure supérieure retombait sur la basse vergue et qu'on se rendait ainsi maître de la toile rapidement et sans trop de 'peine. Il y avait même des trois-mâts mâtés en polacres, pour le cabotage. On disait encore, en parlant de ces navires « qu'ils étaient mâtés à Pibles », cette désignation dérivait d'un mot de la langue de ce pays qui signifie *peuplier*.

Un élégant bâtiment de nos ports méditerranéens était la *Tartane*, dont les allures et la coupe gracieuse ont séduit plus d'un poète. Leur avant élancé, leur arrière finement prolongé au-dessus du gouvernail leur donnaient une tournure vraiment coquette sous leur grande antenne qui se prolongeait démesurément en l'air. Et lorsqu'il fallait prendre un ris, combien ces hommes à cheval sur l'antenne donnaient de pittoresque au tableau que présentait la Tartane ballottée par les vagues. Joseph Vernet l'avait bien saisi et n'avait pas manqué d'en faire le sujet d'un de ses admirables tableaux de marine. On croit, mais on n'est pas bien sûr, que la Tartane dérive d'un bâtiment arabe nommé *Taride*. Les petites Tartanes portent en certaines localités le nom de *Balancelles*.

Sur les rivières d'Espagne, on emploie pour le transport différents bateaux qui portent divers noms, suivant les provinces. Ils varient également en leur gréement et aménagements. Tous sont désignés comme *Botes*, leurs noms spécifiques sont *Faluchas*, *Fraineras*, *Chalanas*, *Chinchonas*, *Candraise Balleneras* et *Canoas*. Dans les colonies espagnoles, on se sert de *Barangays*, de *Guilalos*, de *Pancos* et de *Bancas*. Remarquons que les Canoas tirent leur nom de celui des grandes embarcations, construites dans les formes de la pirogue que les Espagnols trouvèrent entre les mains des Indiens du Mexique et en particulier du Yucatan. Il semblerait, du reste, que le mot *Canoa* appartenait à la langue caraïbe, aussi bien qu'à celle des peuples habitant le Mexique à l'époque de la conquête. Les populations des Antilles de la côte ferme et du Mexique devaient avoir des relations entre elles, et il n'est pas étonnant qu'ils aient adopté un nom commun pour désigner les flotteurs, quels qu'ils soient, au moyen desquels ils se visitaient.

Nous empruntons à l'amiral Paris la note qui suit :

« La *Felouque*, disparue depuis quelques années, était un élégant diminutif de la *Galère*. Elle avait des fonds très plats, des extrémités fines et des quilles latérales pour se haler à terre ; elle portait deux voiles latines sur des mâts inclinés de 3° sur l'avant, des vergues aussi longues que le bateau, Son arrière prolongé, comme celui des Chebecs, était orné de sculptures et l'avant avait un reste de la saillie des Galères. Elle armait douze rames de chaque bord. L'équipage n'avait d'autre abri qu'une tente volante, et le capitaine avait la sienne établie sur des cerceaux. L'artillerie était de deux canons de deux livres à l'avant, et de trente-deux pierriers sur fourchettes. Sa longueur était de 16 mètres, sa largeur de 3^m,68, son creux de 1^m,05 ».

Un bâtiment qui s'est transformé pour donner naissance à divers types est le *Chebec* ; dans le principe, il était mû par la rame, à laquelle il a d'abord ajouté trois voiles à antennes, puis un mât à Pible sur l'avant, portant des voiles carrées, et enfin une mâture de Polacre : trois mâts d'un seul jet ou avec des mâts de perroquet, et conservant, comme brigantine, un reste de l'ancienne voilure, une antenne (fig. 102). Les pirates barbaresques employaient les *Chebecs* à la course contre les navires chrétiens. C'étaient surtout des Chebecs à trois antennes qu'ils armaient ; leur construction était très soignée et la finesse de leurs formes leur assurait une grande marche. On employait aussi les Chebecs sur les côtes italiennes et dans le Levant.

La *Balancelle* était également assez usitée dans les mêmes localités.

Les *Mahones*, en usage à Tunis où elles sont si

utiles sur le lac de La Goulette, ne sont autre chose
que des chalands, tels que ceux que l'on emploie
dans bien des ports. Celles dont on se servait dans
le Levant étaient de grands navires.

En Espagne, on donnait le nom de *Mistic* à un

Fig. 102. — Chebeck.

navire ne dépassant guère quatre-vingts tonneaux,
qui portait trois antennes, mais trapézoïdales
(fig. 103); on les armait parfois en corsaires et
contre le commerce des nations avec lesquelles les
Espagnols étaient en guerre et contre les navires
des États Barbaresques.

Les *Misticks* des Grecs étaient de forme plus allongée, et portaient des antennes véritables, c'est-à-dire dont la forme était triangulaire. Les marins de Tunis et d'Alger appelaient *Mistico* un bâtiment qui ressemblait beaucoup au Chebec, mais qui était plus petit.

Nous avons déjà parlé des *Parancelles* comme bateaux de pêche; il est un autre usage, donné à

Fig. 103. — Mistic espagnol.

un flotteur du même nom, qu'on employait comme garde-côte dans le royaume de Naples. Il avait de 13 à 14 mètres de longueur, 4 mètres de largeur; ses fonds étaient plats et permettaient de le haler à terre. Il portait sur l'avant un canon de 18. Sa voilure consistait en une antenne assez appiquée et un foc.

Les Siciliens pêcheurs d'éponges et les marins

de la Pentellerie emploient depuis très longtemps, le *Laoutello*, dont l'arrière est un peu de la forme de celui des Chebecs, il est voilé comme les Tartanes avec une petite antenne en tapecul.

On construit à Malte un très joli petit navire, dont Alexandre Dumas a si bien prisé les qualités qu'il a donné son nom à l'un de ses amusants récits de voyages. C'est le *Speronare,* ainsi appelé de l'espèce d'éperon qu'il porte sur l'avant (fig. 104). Avec de grandes antennes, qui le font

Fig. 104. — Spéronare.

marcher supérieurement ayant des formes assez plates dans ses fonds, il peut entrer partout, aussi le rencontre-t-on souvent sur les côtes de Sicile et de Naples.

Comme on peut le voir, les diverses espèces de petits navires méditerranéens ne diffèrent guère les unes des autres que par des nuances opérées sur un type principal. On les retrouve dans ces conditions sur le littoral africain, où les Arabes en construisent.

Dans l'Adriatique, on remarque la *Tartana*, dont il a été question, puis la *Rascona*, appropriée aux eaux peu profondes des côtes de cette mer ; ses fonds sont plats, et on remédie à la dérive qui en résulte en donnant de grandes dimensions au gouvernail.

Le caboteur le plus commun en ces parages est le *Trabacolo*, solidement construit, il a quelquefois de petits mâts au-dessus de ceux ordinaires, sur lesquels il grée de petites voiles qu'on pourrait dire être des huniers de petites dimensions. Les voiles de ces navires sont ornées de dessins et teintées de diverses couleurs, ce qui donne au bâtiment, qui lui-même reçoit une peinture assez variée, un aspect présentant une physionomie très particulière et qui ne manque pas de pittoresque. Anciens caboteurs vénitiens étaient le *Galeon di mercantia*, puis la *Marsilliane*, forts navires qui fréquentaient les ports de l'Adriatique et de la Dalmatie.

CABOTEURS DU LEVANT

Les caboteurs grecs se servaient généralement de bricks, dont quelques-uns avaient des mâtures à pible ; ces navires ne sont pas toujours employés dans les mers où cette nation est répandue et dont de nombreux représentants se trouvent, on pourrait dire dans toutes les villes maritimes. Les hommes qui les arment, et les Grecs en général sont d'excellents marins, ils ne craignent pas de sortir de l'Archipel, et on voit dans les divers ports d'Italie et surtout à Marseille, un grand nombre de navires grecs y apportant les denrées que produit l'Orient.

Les *Sacolèves* qui naviguent dans l'Archipel, dans le Bosphore et la mer Noire sont de dimensions et de tonnage assez varié et leur construction n'est pas toujours la même, de sorte qu'elles n'ont pas de caractère défini qui puisse en préciser le type. Il semblerait que le nom est destiné à désigner les bateaux en général qui sont gréés d'une façon spéciale, sans cependant que ceci s'applique à une règle dont on ne s'écarte pas. Le principe consiste à montrer un mât portant des voiles carrées sur l'avant et sur l'arrière, un mât plus faible, avec une voile à livarde, dont la bordure dépasse de beaucoup le guindant. Au moyen âge, on se servait aussi dans le Levant d'un bâtiment court et large qu'on appelait *Yerme*.

Nous avons dit que les *Misticks* grecs (fig. 105) étaient plus grands que ceux d'Espagne, plus ras sur l'eau, et portant des antennes longues, triangulaires, portées sur des mâts courts et inclinés sur l'avant. C'était presque toujours des Misticks que les Grecs employaient à la piraterie ; leur voilure fort peu élevée ne les laissait voir que lorsqu'ils n'étaient plus très loin du navire qu'ils avaient reconnu depuis longtemps, et sur lequel ils s'étaient mis en chasse, et comme ils marchaient fort bien, ils étaient bientôt sur leur proie. Les nombreuses îles qui constituent l'Archipel, de nature volcanique, presque toutes élevées, dans lesquelles s'ouvrent des baies demi-mystérieuses pénétrant au dedans des terres par de sinueux chenaux dérobant ainsi à la vue le mouillage sûr qu'elles présentent, formaient un ensemble des plus favorables à la piraterie. Chacune d'elles avait ses navires, qui, sous le prétexte de faire le cabotage, ou de courir

Fig. 105. — Mistick grec.

sus aux Turcs, leurs ennemis de toujours, croisaient sur la route des bâtiments se rendant aux Dardanelles ou en sortant; ils les capturaient, si aucun croiseur ne se trouvait aux environs, et, s'il s'en rencontrait un gênant, ils se réfugiaient dans un trou ou se déclaraient chargés pour quelque port de la Grèce continentale. Et quand ce n'étaient pas des embarcations ou des Misticks qu'armaient les pirates grecs, c'étaient des Bricks, navires qu'ils estimaient fort.

Les *Pinques* étaient aussi des bâtiments méditerranéens, à l'arrière très élevé et à fonds plats ; ils
portaient trois voiles sur antennes et des focs.

Le *Caramoussal* était un navire turc de charge,
très fin et assez élevé sur l'eau ; les Turcs avaient
également des *Palandries* et des *Chélandes*. Ces
trois types peuvent être regardés comme caboteurs, car ils ne sortaient de l'Archipel que pour
venir en Egypte.

Dans la mer Noire, les Russes ont des Goëlettes,
des Bricks, même des Trois-Mâts faisant le cabotage, et quelques petits navires dans le genre des
Sacolèves.

CÔTES D'ESPAGNE ET DE PORTUGAL

Si nous revenons aux contrées de l'occident de
l'Europe, nous trouverons, sur la côte nord d'Espagne, faisant un trafic assez actif entre les divers
ports qui s'y trouvent, d'abord les *Lanchas*, dont
nous avons déjà parlé, et aussi un certain nombre
de Goëlettes de divers tonnages, mais qui ne ressemblent pas aux élégantes Goëlettes, les Balaous,
que l'on admire aux Antilles espagnoles. Celles du
Guipuzcoa, des Asturies et de la Galice sont tout
bonnement construites pour charger, et leur voilure
elle-même est seulement faite pour qu'elle puisse
imprimer une vitesse médiocre à des carcasses qui
ne montrent, pas plus qu'elle, la moindre chose

qui ait l'apparence de quelques soins dans la tenue. Il en est même qui n'ont pas de mâts de flèche.

On croit généralement que les voiles à antennes n'appartiennent qu'à la Méditerranée ; cependant nous avons vu un caboteur de Vianna, port de la côte nord du Portugal, qui portait pour voiles un énorme foc, une immense antenne et un tapecul, c'est à la mer que nous l'avons rencontré ; nous n'avons jamais pu savoir quel nom portait son espèce, et, si nous avons connu celui du port auquel il appartenait, c'est qu'il le portait inscrit sur son arrière. Du reste, l'antenne est commune à Lisbonne ; bon nombre de Gabarres du Tage en portent ainsi que la plupart des bateaux de pêche que l'on voit sur le fleuve et sur la côte. Il en est de même à Cadix ; des caboteurs de ce port en sont pourvus. On voit aussi quelques jolies Goëlettes de cette localité, qui font le cabotage *(Goleta)*.

Aux Açores, quelques bateaux, ceux dont nous avons déjà parlé, font le cabotage à San-Miguel. Des Goëlettes desservent quelques localités d'une île à l'autre, quelques-unes vont jusqu'en Angleterre porter des chargements d'oranges. Comme partout ailleurs, les bateaux à vapeur les font disparaître.

Les rapports entre les diverses îles formant le groupe des Canaries ont peu d'importance, un petit nombre de Goëlettes suffisent pour les relations qu'elles ont entre elles. Mais les marins de ces îles arment un assez grand nombre de bâtiments de ce genre pour faire la pêche d'un poisson qui abonde dans ces parages et que l'on prépare comme la morue. Cette pêche, qui a lieu en toute saison, est des plus fructueuses, surtout sur le banc d'Arguin, station que le poisson semble préférer. Le port d'Arrécife, sur l'île de Lanzarote, paraît être le point de concentration des produits de cette pêche qui se répand de là non seulement sur les autres îles, mais aussi en Espagne, nous y avons vu des bateaux à vapeur qui venaient y prendre des cargaisons de ce poisson pour les porter dans divers ports de la Métropole.

CABOTEURS DE L'AFRIQUE ORIENTALE

C'est toujours la Goëlette qui apparaît comme caboteur, partout où il y a du cabotage, sur la côte occidentale d'Afrique, au Sénégal, en Gambie, aux Bissagos, dans le golfe de Guinée, sur la côte de Loando, sur celle de Benguela, jusqu'au cap de Bonne-Espérance.

Au delà, sur la côte orientale, on en trouve encore, puis à Madagascar, aux Comorres, à la Réunion, à l'Ile-de-France, aux Seychelles, à Zanzibar, elle se mêle aux *Dhows* arabes (fig. 106), aux *Mtépés* (fig. 107), constructions singulières, les premiers, portant à l'avant une sorte d'éperon en queue de requin et un lattage sur les œuvres mortes; les seconds ayant un avant prolongé dont rien n'explique la nécessité et qui porte une voile formée de petites nattes carrées cousues les unes aux autres; enfin aux *Boutres*, assez grands bâtiments que les Arabes arment, pour commercer sur toute la côte africaine, dans la mer Rouge, sur

Fig. 106. — Dhow.

Fig. 107. — Mtépé.

les côtes d'Arabie, dans le golfe Persique et jusque dans l'Inde, avec un gréement et une voilure, qui subit quelques modifications suivant les ports auxquels ils appartiennent.

Les *Baggalas*, dont les Arabes se sont servis comme de bâtiments de guerre, ne sont plus employés qu'au commerce; il y en a qui portent jusqu'à 400 tonneaux. Ce que leurs formes présentent de plus singulier, c'est un élancement prodigieux de l'étrave, le brion, pièce qui la réunit á la quille, se trouvant presqu'à la moitié du navire. Ils ont deux mâts portant des voiles analogues à celles des chasse-marée.

On trouve encore dans les mêmes parages les *Dungiyah*, le plus ancien type de l'Inde; ce sont des bateaux grossièrement construits et peu solides, ils n'ont qu'un seul mât, incliné sur l'avant, portant une voile qui s'amure sur un espar dépassant l'étrave, comme un bout dehors. Pour le petit cabotage, on se sert aussi du *Karookuh*, dont la quille se relève sur l'arrière et se prolonge sur l'avant en une étrave analogue à celle des baggalas.

Les Arabes se servent également comme caboteurs des *Beden-Safar* et les *Beden-Seyad*, un peu plus petits, dont les bordages sont cousus et les pièces de membrure liées. Ils ne portent qu'une seule voile, enverguée sur une longue vergue, presque une antenne, qui s'amure sur un bout dehors de façon que sa partie avant remplace le foc.

SUR LE GANGE ET DANS LES MERS VOISINES

Sur le Gange, on emploie de longs bateaux appelés *Flat* (fig. 108), d'une longueur de 250 pieds, d'un très faible tirant d'eau, portant des marchandises et des passagers, ceux-ci dans une chambre assez spacieuse, les autres sur le pont et dans la cale, le tout abrité sous une toiture recouvrant toute la longueur du bateau.

Le *Kistie* (fig. 109) navigue sur le même fleuve, c'est le plus disgracieux flotteur que l'on puisse voir, encore plus disgracieux que le chameau parmi les animaux, on pourrait le comparer à celui-ci pour ses formes d'apparence pesantes, alors que

Fig. 108. — Flat.

le chameau se repose, son ventre étendu sur la terre. Le Kistie a son avant allongé en rostre orné de quelque tête presque informe d'animal, comme cela se trouvait sur les Dracos et les Kartals. Il est surmonté presque de bout en bout par une cabane, qui ne fait qu'accroître sa tournure lourde, son arrière est beaucoup plus élevé que l'avant, la mèche du gouvernail remonte plus haut que le faîte du toit de la cabane sur lequel se tient l'homme qui gouverne, il est mû par quatre avirons placés sur l'avant, par une petite voile carrée,

Fig. 109. — *Kistié*, bateau du Gange.

assez élevée pour pouvoir s'orienter en dessus du toit que traverse le mât sur lequel elle est gréée. On le hale aussi de terre à la touline et celle-ci, qui part du haut du mât, se termine par une sorte d'araignée dont chacun des hommes qui halent prend un bout. On peut croire que c'est une forme indigène primitive qui, si elle n'est pas belle, est au moins curieuse.

Au Bengale, on emploie un bateau nommé *Patile*.

Il y aussi dans l'Inde, pour le trafic des rivières, de petits bateaux, dont les fonds sont ronds, les bordages assemblés à franc bord sont liés par des agrafes en fer, comme celles dont se servent les racommodeurs de porcelaines et faïences. Leur arrière est beaucoup plus élevé que l'avant, comme sur le *Kistie*. Ces embarcations, car ce ne sont vraiment pas des navires, même petits, ne font route qu'avec le courant favorable et mouillent sur leur grappin aussitôt que la marée contraire se fait sentir. Ce grappin est formé de deux morceaux de bois croisés, ce sont les pattes ; la verge est composée de quatre gaules passant chacune dans une des branches de la croix, elles sont réunies à leur sommet et l'espace compris entre elles est rempli de grosses pierres, qui font couler le grappin sur le fond et lui donnent un poids et une force suffisante pour maintenir le bateau immobile.

Le *Patamar*, d'un assez fort tonnage, jusqu'à 200 tonneaux, et qui marche bien, peut être considéré comme ce qu'il y a de mieux en fait de navires dans l'Inde. Ils ont deux mâts très inclinés sur l'avant, leur grande voile a une très grande envergure, leur foc s'amure à l'extrémité d'un long bout dehors.

Il y a encore, sur ces côtes, d'autres caboteurs se rapprochant tous du type Patamar.

Ce sont de très singuliers flotteurs que les bateaux de Ceylan, aux formes arrondies dans les

FIG. 110. — Flotteurs de Ceylan.

fonds aussi bien que de l'avant et de l'arrière (fig. 109) : celui-ci est relevé, pour donner lieu au logement, l'avant se termine par une sorte de volute à la suite de laquelle une échancrure arrondie lui donne plus de valeur. Bien que ce soit là un type très particulier, il ne présente pas moins quelques caractères des premiers flotteurs normands et scandinaves ; on le nomme *Doni*.

Sur la côte de Coromandel, il y a le *Boatila*, qui ne présente rien de particulier.

Le *Casco*, bateau de charge à fonds plats des Philippines, est voilé au moyen de nattes soutenues et jointes entre elles par de petits bambous, on dirait que la voile est tendue par une infinité de petites vergues.

A Sumatra, on se sert du *Pindjajap*, il est ras sur l'eau et, comme il arme un assez grand nombre d'avirons, on pourrait le comparer à une petite galère. Il porte cependant deux mâts sur lesquels se gréent des voiles carrées. Son arrière a quelque chose de celui du Chebec ; son avant est très allongé.

Le *Corocore*, qui navigue dans les mêmes mers tient aussi quelque peu de la Galère, étant mû par deux rangs de rames superposées ; on le rencontre aussi dans les Célèbes.

Le *Praomayang* est un bateau de transport très répandu dans la Malaisie, il porte sur l'arrière un échafaudage pour soutenir un toit qui le recouvre en partie et dont la bizarrerie lui imprime un caractère fort singulier.

EN CHINE

La marine chinoise possède un assez grand nombre de formes, mais elles dérivent toutes d'un même type, dont le caractère demeure sur toutes et leur imprime un cachet de nationalité qui les fait reconnaître au premier coup d'œil. Toutes sont des *Jonques*, mais elles varient comme capacité, comme dimensions, comme appropriation à la navigation qu'elles doivent faire. Leur voilure n'est pas non plus toujours la même, le nombre des mâts qui doivent la porter varie, leur coupe aussi et leur nature elle-même se ressent des ports où elles sont faites et des idées de l'armateur et du capitaine. On voit donc qu'on pourrait faire figurer une série de flotteurs à peu près les mêmes, mais dont les particularités se présenteraient à l'infini. Rien de fixe, pas de règle qui classe des catégories, le type est la jonque avec des variétés sans noms particuliers.

En Chine, ce que l'on nomme les *bateaux de fleurs* sont des flotteurs amarrés à demeure dans certaines villes de ce pays, ils sont très ornés et servent de lieux de plaisir. On pourrait les comparer à des cafés-restaurants ; où l'on fait de la musique, où l'on mange, où l'on boit, où l'on fume même l'opium, le tout agrémenté de musique et de danses, au milieu d'une grande profusion de fleurs. C'est à cette particularité qu'ils doivent leur nom.

Il faut aussi citer une autre singularité que l'on ne rencontre que dans ce pays, c'est le *bateau à canards*, c'est-à-dire un grand bateau plat qui supporte une grande et large cage dans laquelle sont enfermés les oiseaux. On mène le bateau sur les rives basses, où abondent les vers et les petits poissons dont se gorgent les canards et à ce régime ils engraissent rapidement. Une sorte de tremplin qui s'abaisse jusqu'au dessous du niveau de l'eau leur permet de descendre du bateau et d'y remonter. Ces sortes de flotteurs sont nombreux et fort rémunérateurs, la consommation des canards en Chine étant prodigieuse.

EN COCHINCHINE

La Cochinchine offre quelques types particuliers tels que le *Gay-Boa*, dont la forme tient de celle de la baleinière, avec plus d'allongement dans les par-

Fig. 111. — Gay-Boa.

ties extrêmes (fig. 111). Les œuvres mortes sont peintes en noir avec une sorte d'œil à l'avant, la carène paraît blanchâtre, ce qui est dû à la chaux qui entre dans le mastic dont elle est enduite. Le logement est orné de peintures, de dorures et d'émaux. On y trouve le petit autel boudhique qui se voit dans toutes les maisons. Au mouillage, le flotteur est surmonté d'un échafaudage que l'on recouvre de nattes en paille. La voilure est, comme celle des Houaris, triangulaire, enverguée sur une longue vergue qui élonge le mât. Elle est presque toute répartie sur le grand mât ; la seconde voile est le tiers de la grande ; la troisième, celle de l'avant, est encore plus petite ; elles sont en nattes légères et souples. Les vergues sont en deux pièces, comme les antennes. Il est à remarquer que les constructions de la Cochinchine diffèrent de celles des peuples voisins, elles sont évidemment très

FIG. 111 *bis*. — Forme des Gay-Boa.

anciennes, l'emploi du fer y est rare. Une particularité bizarre qui est à noter, c'est que dans le plan horizontal la forme des Gay-Boas est en violon (fig. 111 *bis*), c'est-à-dire qu'elle rentre assez fortement au milieu du navire pour se renfler aux extrémités, plus à l'arrière qu'à l'avant ; dans les fonds, cette rentrée ne se fait pas sentir. La forme du maître couple des Gay-Boas montre une analogie frappante avec celle des vaisseaux construits en France, du temps de Louis XVI.

Dans la basse Cochinchine les arroyos étant les routes les plus usitées, un grand nombre de bateaux de passage y naviguent ; ils marchent à l'aviron, les hommes nagent debout, parfois ils poussent de fond avec des gaules (fig. 112).

D'après l'amiral Paris, les constructions annamitaines présentent les caractères suivants : extrémités pointues à peu près symétriques, très élancées, rentrée exagérée du milieu ; au contraire, saillie de l'avant et de l'arrière. Gouvernail très grand et très incliné. Cloisons transversales unissant les deux côtés et les baux. Calfatage remplacé

FIG. 112. — Bateau de passage sur les arroyos de Cochinchine.

par un enduit formé d'huile de coco, d'une résine du pays et de chaux ; il préserve des tarets. Bordages unis de can par des chevilles en bois. Absence de quille ; elle est remplacée par un bordage d'une épaisseur double, qui ne fait pas saillie en dehors. Voiles en nattes, renforcées par des bandes obliques.

Les constructions sont exécutées sous des hangars, par des Chinois dont les outils sont usités dans le pays. Les caboteurs cochinchinois ne quittent pas leur pays.

AU JAPON

On prétend que la marine japonaise est inférieure à la marine chinoise, et que les navires de cette nation sont dépourvus de qualités nautiques;

Fig. 113. — Funé.

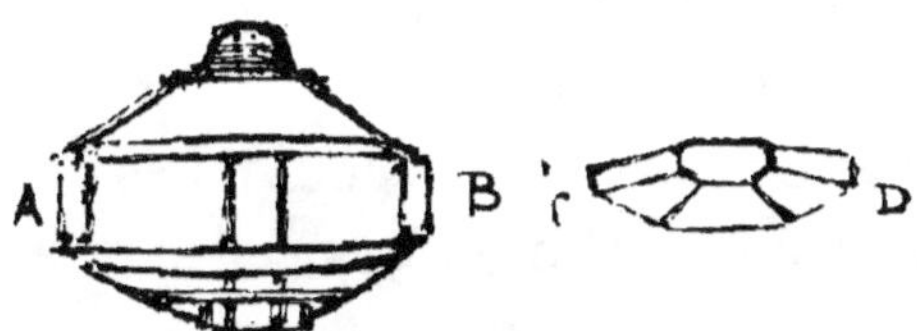

Fig. 114.

que cela tient à ce que la construction est soumise à des règlements qui imposent des formes peu marines, ce qui les rend très imparfaites.

Le navire le plus répandu est celui que l'on nomme *Funé* (fig. 113) dont les formes sont représentées non par une courbe mais par un polygone, ainsi que le montre la coupe A B (fig. 114). D'après elle, on voit que le système de construction adopté ici complique assez les assemblages de pièces pour nuire à l'ensemble. Les trois mâts que porte ce navire sont de dimensions fort différentes : celui de l'arrière qui porte presque toute la voilure est composé de différentes pièces, il est très lourd ; les cercles qui réunissent l'ensemble sont serrés par des coins. Les deux autres qui sont sur l'avant diminuent de grandeur en s'éloignant du premier. Les voiles sont faites avec une grosse toile de coton fort épaisse, chaque laize est bordée de ralingues et celles-ci sont transfilées l'une à l'autre de manière à remplacer une couture. M. Paris la compare à celle du grand hunier du plus grand de nos vaisseaux ; elle ne peut être diminuée en cas de grain ou de trop fort vent ; il faut alors l'amener tout à fait. Elle porte sur ses deux ralingues de chute des espèces de boulines, aussi bien sur l'arrière que sur l'avant. Chaque laize a son écoute. Les deux autres voiles sont beaucoup moindres, elles doivent surtout servir lorsqu'on amène la principale. Malgré l'incorrection d'une telle voilure pour tenir le plus près, les funès louvoyent cependant ; dans ce cas, on amure au pied du mât ; la vergue s'oblique et la voile fait le sac, la dérive est très grande et le virement de bord ne s'effectue que vent arrière ; ces flotteurs roulent beaucoup. Ils portent une chaloupe en travers sur leur pont et celle-ci qui est quelquefois pontée a des formes encore plus franchement polygonales que le navire lui-même (voir CD, fig. 114).

Dans le nord du Japon, on voit un autre caboteur un peu plus simple que le *Funé*, mais n'en différant que fort peu.

En 1868, le Taïcoun avait encore à Yokohama trois petites galères de douze mètres de long, d'une construction légère et très soignée, laquées au dehors en noir et en rouge, pouvant armer quatorze godilles.

A la même époque, les navires de guerre ordinaires du Japon étaient encore des Galères, dont la construction était très soignée. Indépendamment des godilles, elles portaient une voile sur laquelle étaient dessinées les armoiries du seigneur auquel elles appartenaient, ou son nom. Ces voiles sont comme celles du Funé, elle sont gréées sur un mât carré, d'une seule pièce, avec deux jumelles en bois dur. Ces bâtiments étaient fort nombreux alors que M. Armand Paris, lieutenant de vaisseau, les étudiait pour en conserver le souvenir; mesure heureuse, car elles ont disparu. Il en vit quatre escadres, dont l'une, appartenant au prince d'Awa, comptait trente galères, portait trois mille hommes et était accompagnée de nombreux bateaux de service. La galère du prince était démâtée et remorquée par vingt bateaux rangés sur deux files; les rameurs maniaient leurs avirons en chantant, et suivaient la mesure des gongs.

OCÉANIE, AMÉRIQUE

En Océanie, on rertouve sur quelques points des Goëlettes, mais appartenant à des Européens ou à des Américains des États-Unis; elles font la pêche des phoques et du trépan ou le cabotage entre certaines îles, portant même les produits de leurs trafics jusqu'au Chili et au Pérou.

Dans ces deux pays et sur toute la côte occidentale d'Amérique, ce sont aussi des Goëlettes modifiées, suivant les localités, qui sont les caboteurs que l'on voyait encore il y a quelques années, mais que les bateaux à vapeur font disparaître.

Dans la Plata, c'était surtout de grandes baleinières, qui portaient les marchandises d'un port à un autre, remontant dans le Parana, l'Uruguay, et jusque dans le Paraguay. Mais tout cela a changé, d'abord lorsque la navigation dans ces rivières devint libre; ce furent des navires d'un tonnage approprié, des Bricks et des Goëlettes, qui vinrent directement d'Europe ou des États-Unis, apportant les marchandises que réclamaient les besoins des populations de ces contrées; puis les bateaux à vapeur, à leur tour se substituèrent aux bâtiments à voile et, actuellement, on ne voit plus guère qu'eux dans ces pays.

Sur la côte du Brésil, on rencontrait un assez curieux caboteur (fig. 115), dont les formes rap-

pelaient quelque peu celles des types méditerranéens et portugais ; ils étaient longs d'une vingtaine
de mètres, et peu profonds, leurs mâts, non façonnés, étaient très singulièrement disposés, les
deux portant voiles sur l'avant n'ont qu'une même
emplanture sur l'angle de jonction de la quille au
brion. Un quatrième mât, tenu à l'étrave par une
liane, ne sert qu'au ridage d'une bouline à quatre
pattes pour la petite voile subtrapézoïdale, qui se

FIG. 115. — Caboteur du Brésil.

grée sur le troisième mât. Les deux autres portent
des voiles latines taillées en brigantine, celle de
l'arrière se borde sur l'extrémité de la poupe qui
rappelle cette partie des Chebecs. Cependant quelques-uns de ces bateaux ne sont pas ainsi terminés, ils sont à fonds presque plats et leur tirant
d'eau est minime.

Dans l'Amazone, on trouve des bateaux de plusieurs sortes appropriés à la navigation du fleuve.
D'abord la *Coberta* qui, ainsi que son nom l'in-

dique, est pontée, mais, de plus elle a un faux pont. Elle peut porter au moins vingt tonneaux, autant d'hommes et des vivres pour un mois. Les Cobertas sont de grands bateaux, sortes d'arches, où vivent des familles entières, qui y trouvent tout ce qu'exigent les nécessités de la vie. L'arrière, c'est-à-dire la partie réservée aux maîtres, au patron, ainsi qu'on le dit en ce pays, se compose d'une ou plusieurs chambres spacieuses, abritées par un toit de bois couvert de résine, puis de feuilles tressées qui interceptent la chaleur, il sert de terrasse pour y prendre l'air lorsque le soleil ou la pluie le permettent. On y établit parfois une tente sous laquelle on installe des hamacs. A l'avant, même disposition servant au logement de l'équipage, ou plutôt au ménage des hommes qui le composent. Elles vont à la voile s'il y a du vent, à la rame s'il fait calme, à l'aide de longs avirons aux larges palettes.

Puis l'*Egarité* et la *Montarie*, plus petite, qui n'est guère qu'une chaloupe, et comme embarcation pour le service de ces bateaux, la *Uba*, une pirogue plus ou moins grande.

Sur la côte orientale du Yucatan et dans le golfe du Mexique, on se sert encore pour le cabotage des anciens *Canoas* des Indiens avant la conquête. Ce sont de longs bateaux aux formes de pirogues, pouvant porter de quinze à vingt tonneaux, ayant une dizaine d'hommes d'équipage qui naviguent à la voile et à l'aviron, suivant le cas, et qui ressemblent un peu aux Lanchas du Guipuzcoa. Ils calent peu d'eau et peuvent entrer dans tous les ports et dans les rivières pour y porter et y prendre les marchandises qui y entrent et en sortent, mais c'est surtout au transport des bois de campêche à bord des bâtiments qui doivent les porter en Europe que ces bateaux sont employés.

Dans la partie nord du golfe, on retrouve la Goëlette, et on en voit de très jolies, elles servent surtout aux relations entre la Nouvelle-Orléans et Cuba. Elles marchent généralement très bien, et l'une d'elles nous montra un jour combien elle était fine marcheuse.

La corvette française, la *Sabine*, était en station dans le golfe du Mexique, visitant alternativement tous les ports où elle pouvait entrer, mouillant en dehors de quelques-uns, comme à Tampico et à Galveston, à Campêche et à Tabasco.

Nous venions de quitter le mouillage en pleine côte, vis-à-vis l'entrée de cette charmante rivière de Tabasco, par laquelle on peut se rendre assez près des ruines de Palenqué, si curieuses et si remarquables : il était environ trois heures après midi, nous faisions bonne route pour Vera-Cruz, les bonnettes dessus, lorsque la vigie signale une voile devant nous. Un bâtiment en vue, à bord d'un navire, est toujours un sujet de distraction, un événement qui attire l'attention, éveille la curiosité, chacun cherche à reconnaître ce qu'il est, à deviner ce qu'il fait. C'était ce qui avait lieu en ce moment à bord de la *Sabine*, et tous les yeux, avec ou sans longues-vues, étaient fixés sur la voile en vue. Nous courions sur elle, elle ne voyait que notre avant. Tout à coup, subitement, elle change de route et prend le plus près, serrant le vent autant qu'elle le pouvait. Ce mouvement, qu'aucun changement dans la direction de la brise ne motivait, parut suspect à notre commandant ; les bonnettes furent aussitôt rentrées et les voiles orientées au plus près, la Corvette prit chasse. Mais cela ne lui servit guère, la Goëlette gagnait sur nous d'une façon outrageante, on rageait chez nous, ce qui n'empêcha pas qu'au coucher du soleil elle ne paraissait plus que comme une mouette à l'horizon. Jamais nous ne sûmes ce qu'était la Goëlette suspecte et si bonne marcheuse.

Aux États-Unis, ce même type, le *Schooner*, est très en vogue et était très employé ; on en construisait de très grandes avec des mâtures très élevées, portant une surface considérable de toile en leur voilure et surtout marchant fort bien. Les Américains ont même poussé leur foi en cette sorte de bâtiment jusqu'à en avoir à trois mâts et même à quatre, il nous semble que dès lors ce ne sont plus des Goëlettes et que de tels navires devraient porter un autre nom.

La même vogue pour les Goëlettes existe dans tous les ports du Canada, elles sont nombreuses dans les Grands Lacs.

EN PORTUGAL ET EN ESPAGNE

Au XIII° siècle, en Portugal et en Andalousie, les *Caravelles* (fig. 116), étaient employées et considérées comme des bâtiments de marche. Les Caravelles avaient quatre mâts.

C'est certainement à la bonne réputation dont jouissaient les Caravelles qu'elles furent choisies par Christophe Colomb, lorsque la grande entreprise

Fig. 116. — Caravelle.

d'un voyage de découvertes fut résolue. On connaît toutes les peines qu'eut le hardi navigateur à obtenir en Espagne ce qu'il avait vainement demandé à son pays et au Portugal, Ferdinand et Isabelle finirent par consentir à lui fournir les moyens d'opérer une sérieuse exploration dans les mers de l'Occident, et pour cela trois Caravelles furent armées. C'était la *Sainte Marie*, la plus grande des trois, la *Pinta* et la *Niña.* On sait quelles furent les péripéties de cet aventureux voyage, lancées sur l'immensité de l'océan dont les bornes non fixées laissaient à l'imagination des perspectives de toutes sortes, dont Christophe Colomb seul avait entrevu celle qui était réelle ; combien d'occasions se présentèrent où des appréhensions basées sur la persévérance trop prolongée d'un inconnu qui ne se découvrait pas, faillirent faire échouer la tentative de l'amiral; comment arrêté, dans la mer des Sargasses que l'on crut être l'indice de l'approche d'une terre, il y eut une déception cruelle quand les navires, ayant franchi ces immenses bancs d'algues, se retrouvèrent dans une mer libre, dont ils ne pouvaient trouver le fond ; comment avant l'expiration des trois jours de délai, terme convenu au bout duquel, si rien n'apparaissait, les navires reprendraient la route d'Espagne, Hispaniola fut en vue et le Nouveau monde découvert.

LES BATEAUX DU TAGE

Les types du Tage sont en général fort particuliers et quelques-unes des formes qu'on y voit, présentent quelque chose de si inusité qu'elles paraissent impossibles et qu'on cherche en vain à se rendre compte des motifs qui ont pu donner lieu à des constructions aussi bizarres. Elles sont cependant encore employées, sinon toutes, la plupart au moins, dans ces conditions ; il en est de fort élégantes.

Le *Catraio* ou *Bote de Catraiar* (fig. 117) est un bateau de passage, qui porte de douze à vingt-cinq personnes avec deux ou trois hommes d'équipage, il est long d'environ 8 mètres. Sa voilure consiste en un foc, une grande voile à livarde et un tapecul aussi à livarde.

Fig. 117. — Catraïo.

Le *Cacisheiro* ou *Cano Cacisheira* est plus grand que le précédent, il porte un plus grand nombre de passagers dessert le port de Lisbonne, et plus particulièrement se rend de cette ville, sur plusieurs points de la rive gauche ; il est voilé avec une antenne seulement.

Barco d'agua acima (fig. 118) ou *Coulé;* forme élégante et allongée, à fond plat, tirant peu d'eau ; il remonte le Tage jusqu'à Abrantes, il porte vingt-cinq tonnes en moyenne. Comme voilure, une grande antenne qui se borde avec deux écoutes, l'une au point ordinaire à la jonction de la ralingue de chute et de celle de fond, l'autre sur cette ralingue à une certaine distance en avant de la première.

Varino, en usage pour le chargement et le déchargement des navires, tire peu d'eau, porte un foc et une grand'voile enverguée sur une corne.

Fig. 118. — *Barco d'agua acima.*

Il charge de vingt-cinq à trente tonnes, quatre hommes d'équipage.

Fragata (fig. 119), employé au même usage que le *Varino,* mais plus grand, ce bateau peut prendre 80 tonnes, il est pourvu d'une petite embarcation, ainsi que le sont du reste presque tous les bateaux du fleuve. Il est voilé, exactement

comme le Varino, d'un foc, et d'une grand'voile
enverguée sur une corne peu appiquée et qui se
borde sans guy, le foc s'amure sur l'étrave.

Falua, pouvant porter jusqu'à 24 tonnes de
marchandises, elle dessert diverses localités sur les
rives du fleuve et sert également au transport des
passagers ; ce bateau porte deux antennes ayant
beaucoup plus de chute que de bordure.

Candonoçueiro diffère de la Fragata, en ce qu'il

FIG. 119. — Fragata.

est à poupe ronde ; il peut porter jusqu'à 25 tonneaux de pierres, sable, et autres matériaux servant aux constructions, c'est à ce transport qu'il
est employé.

Sareiros (fig. 120), employés à la pêche et particulièrement à celle de la sardine, ils sont ordinairement associés deux par deux, et n'ont à eux
deux qu'un seul filet qu'on appelle *Tarrafa*.

Comme ils ne sont pas pontés, ils forment avec des espars et des avirons, la carcasse d'une tente qu'ils recouvrent d'une natte en paille et qui sert d'abri à l'équipage fort nombreux, car il est au moins de douze hommes et s'élève parfois jusqu'à vingt. Ils

Fig. 120. — Sareiros.

Fig. 121. — *Meia Lua da Costa.*

ont une petite voile trapézoïdale mais ne s'en servent que très rarement, ils prennent jusqu'à dix mille sardines.

Meia Lua da Costa (fig. 121), « Demi lune de Côte » ; on pourrait dire aussi « Côte de Melon », bateau fantastique et qui cependant sert fort bien et remplit le but auquel il est destiné, à pêcher la sardine sur la côte de Capurica, sans sortir du fleuve, son équipage est aussi fort que celui du *Sareiro*, on le gouverne au moyen d'un aviron de queue. Cette forme étrange et curieuse éveille l'idée d'une origine orientale, et on doit reconnaître que celle du Sareiro se rapproche beaucoup de quelques types grecs, turcs et arabes.

Quel est leur pays originaire ? Plus à l'Orient sans doute, quoiqu'on ne retrouve que bien vaguement quelques réminiscences qui peuvent faire penser à une origine commune, dans les constructions connues de l'Inde, de la Chine et du Japon.

Un souvenir nous donne lieu de faire une hypothèse nous ne la présenterons que pour ce qu'elle vaut, probablement, rien qu'une rêverie.

Un jour, à Smyrne, nous errions dans les bazars, flânant pour chercher un incident qui aurait caractérisé quelques traits de la vie de ce monde au milieu duquel nous nous étions mêlé ce jour-là. Malgré le calme dont les Turcs sont si soucieux de ne pas se départir, un mouvement de curiosité se manifestait dans la foule, il est vrai de dire qu'elle se composait en grande partie de femmes. Chose plus grave, nous surprîmes quelques regards lancés par certains des marchands d'armes, de pipes, ou de parfums dont les boutiques étaient les plus proches de nous. Il faut dire aussi qu'il y avait sujet de s'étonner et d'exciter la curiosité : un chant nasillard, tout en demeurant guttural fortement accentué, arrivait à nos oreilles provenant des profondeurs d'un embranchement du bazar. On sut bientôt autour de moi, et j'appris par l'intermédiaire d'un Juif, que le chanteur était un derviche mendiant qui arrivait du fond de l'Asie, de quel pays on ne put le dire, mais il était réputé saint et d'autant plus vénérable qu'il avait beaucoup marché. On se prosternait devant lui, des femmes s'étendaient sur le sol sur son passage, il y avait comme de l'enthousiasme, en témoignant du respect qu'il inspirait et une certaine surexcitation commençait à se produire autour de moi et du juif. « Ne restons pas là, me dit-il, ils deviendraient méchants en nous regardant, excités qu'ils sont par les chants du derviche, et si celui-ci nous apercevait, il serait capable de leur ordonner de nous massacrer ». Cependant je tenais à voir le chanteur et j'y parvins, en me dissimulant tout contre une boutique d'étoffes, dont quelques pièces servirent à masquer une partie de ma personne ; le marchand était trop occupé du saint pour m'avoir aperçu. Je pus donc le voir et même en prendre un croquis. C'était un grand gaillard, à la figure ravagée par des meurtrissures volontaires, une partie de son nez avait disparu et ne laissait plus voir que des narines largement échancrées. Presque nu, un grand lambeau d'étoffe de laine blanche entourant ses reins et remontant sur ses épaules, d'où les extrémités s'échappaient, on pouvait être certain, à en juger par ses muscles, qu'il était d'une force prodigieuse, on voyait aussi que le voyage ne le gênait guère et ne l'avait pas fait maigrir. D'une main il tenait une sorte de caducée en acier, de l'autre un vase qui me parut d'argent ou tout au moins argenté, et sur lequel il frappait de temps en temps avec l'instrument qu'il avait à la main droite afin d'y faire jeter quelques pièces de monnaie. C'est ce vase, provenant avec son propriétaire du fond de l'Asie, comme on le disait à Smyrne, et il est à peu près certain que l'on savait bien qu'en effet le derviche en venait, dont le souvenir nous est tout à coup revenu à l'aspect d'une *Meia Lua*, et il me semble que, si l'on en suspendait une par ses deux pointes extrêmes, on aurait une assez exacte reproduction de l'aumônière que nous avions vue en Orient.

Ne pourrait-il pas se faire que quelques types, appartenant à d'anciens peuples asiatiques, se soient perpétués en de petits modèles servant aux mendiants pour réclamer les aumônes, et que d'autre part ces types se soient propagés jusqu'en occident.

Muleta ou *Rasca*, nous avons déjà parlé de ce bateau et de la singulière voilure qu'il établit dans le but de dériver pour traîner efficacement son filet. Ajoutons, que lorsqu'il a terminé sa pêche en vue de la côte en dehors du Tage, il rentre dans le fleuve et se rend dans le port de Paço d'Arcos où il transborde son poisson sur les *Enviadas* qui le portent, à Lisbonne, au marché de Ribeira. On donne aussi le nom de *Rasca* à ce bateau, nom tiré d'un filet qui lui est spécial et dont il fait usage. Douze à vingt hommes arment la *Muleta*, appelée ainsi parce que les espars dont elle se sert pour gréer ses voiles et pour relever les filets, s'appellent des Muletas.

Enviada (fig. 122) sert à porter le poisson que

Fig. 122. — Enviada Muleta.

prennent les Muletas, on l'emploie aussi à la pêche, remarquons qu'alors elle se sert d'espars à l'avant et à l'arrière, c'est-à-dire de muletas, elle porte une antenne assez élevée. Dans ce cas, on l'appelle *Enviada-Muleta.*

Barca de Amarraçaô. Ces bateaux appartiennent aux Armaçoês, qui sont des appareils fixes de pêche dont ils font le service, placement et relèvement des filets, ils en portent le poisson à Lisbonne.

Falua do arsenal (fig. 123). Ce bateau est employé pour charger tout ce qui est matériel appartenant à l'État, et le transporter soit à bord des bâtiments en rade, soit d'un établissement de la marine militaire à un autre.

Fig. 123. — Falua do Arsenal.

Les *Cahiques* (fig. 124) sont des bateaux pontés ayant une grande vitesse, elles font généralement le cabotage entre Lisbonne et les ports des Algarves où on les construit, et où les équipages de ces bateaux se recrutent, les Algarrios étant des marins très habiles pour manœuvrer les longues antennes et les deux voiles qu'elles portent. A Cezimbra, on les emploie assez souvent à la pêche, et alors on leur donne le nom de *os de Picada*.

Canoa do Picada, plus petit que la Cahique, sert

comme celle-ci au transport de marchandises dans les ports des Algarves, et dans les temps calmes il arme des avirons pour porter le poisson pris par les autres bateaux, au marché de Ribeira, à Lisbonne.

FIG. 124. — Cahique 1.

1 Nous devons à l'obligeance de notre ami, le général Folque de Souza, la plupart des dessins des bateaux du Tage.

CHAPITRE VI

LES BATIMENTS DE SERVITUDE

Nous devons actuellement nous occuper d'une catégorie de flotteurs, qui, sans naviguer, rendent cependant de très importants services dans les ports où ils sont employés comme bâtiments de servitude.

LES PONTONS

Ce sont d'abord les *Pontons* (fig. 125), dont nous nous occuperons et nous commencerons par ceux qui, pendant les guerres du premier empire, étaient mouillés sur les rades des ports de guerre de l'Angleterre, protégés par les forts qui défendaient ceux-ci. C'étaient de vieux vaisseaux à deux ponts, sans mâture, sans gréement, des carcasses seulement surélevées sur l'eau en raison de l'absence de leurs canons et de leur matériel. Ils servaient de prisons flottantes aux marins et aux soldats faits prisonniers de guerre. Ils étaient commandés par des officiers de marine, qui avaient sous leurs ordres un certain nombre de matelots et une garnison

d'infanterie de marine. On n'a pas assez dit quelle
affreuse existence ces chefs de prisons faisaient
endurer aux malheureux Français, qu'ils avaient à
leur merci, la férocité avec laquelle quelques-uns
d'entre eux torturaient des hommes qu'ils auraient
dû honorer et respecter, puisque tout le tort qu'ils
avaient était d'avoir été vaincus. On n'a pas assez
proclamé, devant toutes les nations civilisées, une
barbarie pire que celle qu'enduraient les esclaves

Fig. 125. — Ponton anglais, prison de guerre à Porsmouth,
d'après Garneray.

chrétiens dans les bagnes d'Alger et de Tunis,
combien de morts étaient dues au régime du ponton, à la brutalité des surveillants et de leurs chefs,
à des évasions n'ayant pas abouti et que le désespoir excitait à tenter, combien de suicides, de cas
de folie, de santés à jamais perdues. On n'a pas
fait entendre assez de cris d'indignation, on a surtout eu le tort de ne pas user de représailles en
France. Si on l'eût fait, cela aurait peut-être mis

un terme aux horreurs des pontons, alors que la philanthropique Angleterre applaudissait à la férocité de ses geôliers en épaulettes. Et ce n'était pas assez des pontons qu'elle avait chez elle, elle en établissait encore à Cabrera, rocher dépendant des îles Baléares.

Chez nous quelques fois des pontons ont servi de bagnes.

Le plus souvent les vieux vaisseaux ainsi transformés, sont employés comme casernes, ceux qui proviennent de bâtiments plus petits le sont comme magasins, dépôts, et sont annexés aux bâtiments qui arment ou qui désarment.

Lorsqu'un conseil de guerre maritime a condamné un homme à mort, c'est en rade que l'exécution a lieu, on y conduit un ponton, et c'est sur le pont de celui-ci qu'elle a lieu.

Il y en a sur lesquels sont établies des machines à mâter et on les amène avec les pièces de mâture le long du navire qui doit recevoir ses bas mâts.

Enfin dans les ports de commerce surtout, on se sert de pontons pour abattre les navires en carène.

Ils servent encore le long des ports à marée comme à Rochefort à faire l'office de quai, on les approche le plus possible de la rive du fleuve, on les fixe solidement à quatre amarres et c'est sur eux qu'on amarre les bâtiments désarmés, en armement ou en désarmement.

On se sert encore de petits pontons comme de

buts pour les exercices de tir à boulets, on va les mouiller au large, et on tire dessus soit du mouillage, soit en marche.

Sur les rivières, où existe un service de bateaux à vapeur pour voyageurs, à chaque station se trouve un ponton mouillé un peu au large de la berge et relié au terre-plein par une passerelle. C'est sur lui que le bateau accoste pour le débarquement et l'embarquement des passagers.

En Espagne, les bacs sont appelés *pontons*.

LES DRAGUES

Autrefois à Brest et à Toulon et autres arsenaux le fond du port était curé par des dragues à deux chapelets de godets, qu'on nommait *Cure-Môles* (fig. 126).

Les godets étaient supportés par des bers dont une des extrémités pouvait être descendue jusque sur la vase du fond, dans laquelle ils s'enfonçaient à tour de rôle, se remplissaient, remontaient pleins pour se vider dans une sorte de dalle qui conduisait leur contenu dans un bateau convenablement placé. Le système était mis en mouvement par un énorme cylindre, un tambour dont l'axe formait essieu et qu'une douzaine de forçats faisaient tourner, exactement comme les écureuils en cage font mouvoir leur roue. Sur la paroi interne du cylindre, étaient fixées des traverses sur lesquelles les forçats en posant les piéds, comme s'ils marchaient, forçaient la traverse à passer derrière eux et agissant de concert, en chantant quelques couplets du bagne, faisaient tourner la machine.

Aujourd'hui, les bateaux-dragueurs sont mus par la vapeur et on en a construit qui ont une très grande puissance et qui entament même le sol dur ; ils creusent aussi bien qu'ils draguent.

Fig. 126. — Cure-Môle, mise en mouvement par des forçats.

Les bateaux spéciaux porteurs des produits du dragage se nomment *Marie-Salopes* ; ils ont un puits de forme pyramidale, foncé par une soupape, et lorsqu'ils sont rendus au point où ils doivent se débarrasser de leur chargement, la soupape est ouverte et le contenu du bateau s'en va au fond de l'eau.

C'étaient des forçats, avons-nous dit, qui actionnaient les cure-môles. Dans les arsenaux de la marine, toutes les rudes corvées que nécessitaient les

travaux qui s'y exécutaient étaient, en effet, données aux forçats ; c'était comme une conséquence
de ce qui avait lieu au temps où on les enchaînait
sur les bancs d'une galère, d'où leur vint leur nom
de *galérien*. Les bagnes, ou plutôt le bagne, car il
n'y en eut d'abord qu'à Toulon, était, dans l'arsenal, le dépôt où on les maintenait à la disposition
des galères, qui les prenaient là lorsqu'elles armaient
ou qu'il y avait des vides à combler. Mais déjà,

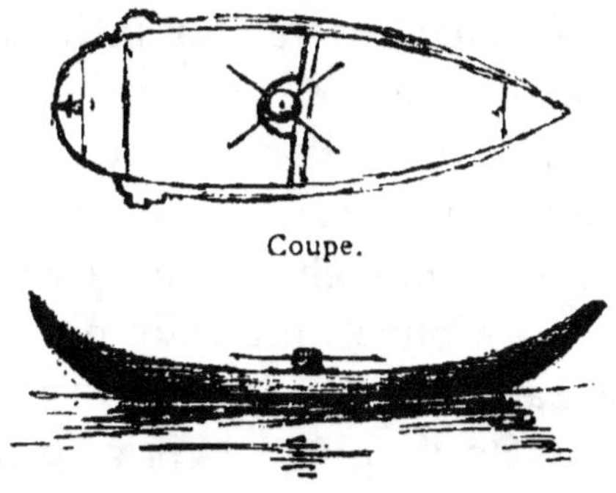

Fig. 127. — Dragueur.

lorsqu'ils étaient au bagne, on les faisait travailler,
les employant un peu partout, aux plus durs et
gros ouvrages. Ils n'allaient pas vite, ne faisaient
pas une énorme besogne, mais on se servait d'eux
en attendant qu'ils allassent ramer, et la coutume
en est restée jusqu'au moment où ils furent trans-
férés à Cayenne et à la Nouvelle-Calédonie. On les
employait également, les plus âgés bien entendu,
comme infirmiers dans les hôpitaux de la marine
et comme écrivains dans quelques-uns des bu-

reaux. Les canotiers et chaloupiers de la direction du port étaient encore des forçats, c'était presque un retour vers le temps passé.

On voyait encore, il y a une trentaine d'années, dans l'Adour, un bateau qui draguait les ancres perdues et le gravier que l'on employait en ville pour garnir les allées des promenades et des jardins (fig. 127). Leur mode de construction était des plus bizarres et entièremént étranger à l'Europe et même aux pays lontains. Ils servaient aussi d'aides aux navires remontant à Bayonne et qui descendaient le fleuve.

Indépendamment des Pontons, les arsenaux de la marine emploient encore un certain nombre de flotteurs divers qui ont chacun un usage particulier. Ainsi, il s'y trouve un certain nombre de *bateaux-pompes* ayant une pompe qui sert en cas d'incendie, dont c'est même la principale destination, mais qui peuvent aussi servir à l'épuisement. Puis le *Bugalet*, ordinairement gréé en petit Brick ; il est destiné d'abord, comme citerne, à porter de l'eau aux navires en rade, des vivres de campagne, des rechanges et, en dernier lieu, les poudres, qui ne s'embarquent jamais dans le port, mais toujours en rade. Dans ce cas, les Bugalets, pour indiquer la nature de leur chargement, portent un pavillon rouge en tête du mât de misaine.

Les *Pigouières* sont des bateaux spéciaux au service des calfats ; elles ont des fourneaux maçonnés sur lesquels on établit des chaudières destinées à faire chauffer le brai dont on se sert pour calfater les coutures des bâtiments en armement ou en réparation. Elles se rendent auprès de lui et y demeurent tant que dure l'opération ; elles vont quelquefois en rade pour le même service, lorsque le navire qui doit les employer ne doit pas entrer dans le port.

LES DOCKS FLOTTANTS

La vieille coutume d'abattre en carène pour radouber les navires devait tomber en désuétude, non seulement en raison des améliorations dues au progrès en général, mais aussi parce que l'opération devenait difficile et dangereuse sur des bâtiments que l'on faisait de plus en plus longs. On songea aux formes de radoub ou bassins de carénages ; elles se multiplièrent. Mais il y eut des ports où il n'était pas possible d'en établir et on imagina alors les *Docks flottants* dans lesquels un navire pénètre, quel que soit son tirant d'eau ; une fois qu'il est entré, on ferme la paroi latérale par laquelle il a passé, on vide l'eau que le bassin contient et le bâtiment qu'on a soin d'épontiller à mesure que l'eau s'épuise et baisse, se trouve à la fin comme dans tout autre bassin. Puis, lorsque les opérations sont terminées, on le remet à flot en introduisant l'eau dans le dock, et celui-ci n'est plus qu'un flotteur dans le port, jusqu'au moment où un nouveau carénage exige son emploi.

Dans certains ports de commerce, le lest, pour les bâtiments qui en ont besoin, ne peut s'obtenir qu'en le recueillant sur des plages spéciales ou des bancs qui assèchent et sur lesquels on peut prendre cailloux et sable autant qu'on en veut. Naturellement, ce sont des bateaux qui vont en charger pour les porter aux navires qui sont obligés de lester, s'ils doivent sortir du port sans chargement ou qui doivent en prendre quelques tonneaux lorsqu'ils sont à peu près déchargés, comme précaution, afin de n'être pas tout à fait vides et courir quelque danger si, dans cette situation, un grain ou un vent violent venait à les charger. Faute d'avoir pris ce soin, on a vu des bâtiments chavirer dans le port.

LES NAVIRES-HOPITAUX

Comme bâtiments de servitude attachés aux ports, on peut aussi considérer les *Navires-hôpitaux*. Ce sont de vieux bâtiments, comme les Pontons, dont on emménage l'intérieur de façon à ce qu'un certain nombre de malades puissent y trouver place avec tout le confortable possible. Un nombre suffisant d'infirmiers sont annexés à l'équipage, à la tête duquel se trouve un état-major limité, mais large en médecins. Nous avions

de ces hôpitaux en plusieurs stations, notamment
à Gorée et au Gabon.

Les Anglais entretiennent dans la Tamise, près
de Greenwich, un ancien vaisseau à deux ponts,
qui sert d'hôpital pour les matelots du commerce
qui tombent malades pendant le séjour de leurs
navires à Londres et dans ses divers docks.

A la Havane, les Espagnols avaient établi, dans
une baie située à l'une des extrémités de la rade,
un vieux bâtiment, un vaisseau aussi, autant que
nous nous le rappelons, pour servir d'hôpital aux
marins de toutes nations qui étaient atteints de
la fièvre jaune pendant que leurs navires se trouvaient dans le port. Cet hôpital flottant était
mouillé non loin de l'établissement qu'un médecin
français avait fondé dans une jolie situation, sur
une pente faisant suite à la même baie, et où il
traitait avec un grand succès la même maladie,
qui, à cette époque, faisait de grands ravages à
la Havane.

LES FEUX FLOTTANTS

Dans cette même catégorie de bâtiments de servitude, il faut encore introduire les *Feux flottants*.
Parfois pontons beaucoup moins importants comme
dimensions que les précédents et sur lesquels on
dispose tout ce qu'il faut pour pourvoir le flotteur
d'un phare d'ordre ordinaire, avec son service de

gardiens. On les mouille à quatre amarres sur les points où ils doivent être placés pour que les alignements de leur feu avec tel et tel autre, signalent le chenal que les navires doivent suivre. Lorsque les feux flottants doivent être fixés à la mer, au voisinage d'un danger, sur un banc ou sur des accores de roches, on les pourvoit d'un capitaine et d'un équipage, et on leur laisse comme mâture et gréement tout ce qui est nécessaire pour que, en cas de nécessité, ils puissent appareiller et venir chercher un refuge dans la rade la plus voisine ou la plus à leur portée, suivant le temps.

LES BRULOTS

On donne le nom de *Brulots* à de petits navires qu'on remplit de matières inflammables, dont le gréement est surchargé d'artifices et que l'on dirige sur les navires que l'on veut incendier.

Les Grecs, dans leurs guerres contre les Turcs, se sont souvent servis de ces sortes d'engins et ont, avec ce moyen, brûlé un grand nombre de bâtiments à leurs ennemis. L'emploi de pareils engins était du reste une vieille coutume grecque qui était demeurée dans les mœurs de ce peuple à qui était due l'invention du feu qui reçut son nom, du *feu grégeois*, véritable brûlot, engin d'incendie.

On comprend peu l'usage des Brûlots de la part des nations avancées en civilisation. On ne s'en est servi en France qu'assez rarement ; Duquesne en eut dans les escadres qu'il commanda, mais c'était par la raison que les Anglais et les Hollandais s'en servaient et qu'il fallait bien user des armes employées par ses ennemis. L'emploi de ce moyen pour faire la guerre qui, en réalité, n'est pas très loyal, s'excusait fort bien chez les Grecs tyrannisés par les Turcs, et dont les moyens d'action n'étaient pas tout à fait ceux de leurs adversaires ; on comprenait que, bien inférieurs, tout moyen leur était bon, lorsqu'il s'agissait de se délivrer de l'horrible servitude sous laquelle les pachas faisaient, dans toutes les provinces, gémir les malheureux Hellènes.

Le célèbre chef grec, Constantin Canaris, a bien souvent, et avec succès, mis le feu aux vaisseaux turcs au moyen de Brulôts ; c'est surtout à la hardiesse avec laquelle il menait ces expéditions qu'il doit sa célébrité.

A Navarin, les Turcs en avaient préparé un certain nombre, mais ils firent peu d'effet. En entrant dans la baie, l'amiral anglais dont l'escadre était à l'avant-garde, remarquant que l'un d'eux pouvait gêner sa route, fit signal à la corvette le *Deartmouth* de l'écarter. Ce bâtiment ayant envoyé une embarcation pour exécuter l'ordre, elle fut reçue à coups de fusil, et le midshipman qui la commandait fut tué d'un des premiers coups. Ce fut le signal de l'engagement du combat ; la Corvette canonna immédiatement le Brûlot et toute la ligne d'embossage des Turcs, Egyptiens et Barbaresques, ouvrit son feu. On sait que nos marins se couvrirent de gloire pendant le combat et que le soir, de toute la flotte des Ottomans, il ne restait pas un navire.

LES BATEAUX DE BLANCHISSEUSES ET LES BATEAUX DE BAINS

Dans les grandes villes, traversées par des fleuves ou rivières, on voit de grands bateaux plats amarrés à la file les uns des autres et sur un des plats bords desquels les lessiveuses ou blanchisseuses lavent le linge à grande eau et d'autant mieux lavé que le courant qui passe le long du bord est plus fort et qu'il renouvelle plus rapidement l'eau savonneuse employée. On les nomme *Bateaux de blanchisseuses*.

Souvent, à côté de ceux-ci, se trouvent d'autres bateaux, ou plutôt des pontons, que l'on amarre de manière à former une enceinte en rectangle allongé, sous laquelle on établit un fond pouvant se soulager et dans lequel les baigneurs peuvent s'ébattre, les enfants apprendre à nager. Tout autour du rectangle, des cahuttes sont placées pour que les gens qui viennent se baigner puissent se dévêtir et se revêtir. D'autres bateaux analogues à ceux-ci reçoivent une série de cabinets de bains chauds. On y puise l'eau sans peine ; elle s'y chauffe dans des appareils fixés au centre de l'établissement, avec bureau et parfois restaurant. Ce sont les *Bateaux de bains*.

LES PONTS DE BATEAUX

Autrefois, dans des circonstances particulières, on considérait comme trop difficile, au point de vue de la longueur surtout, la construction d'un pont sur certains fleuves et sur quelques rivières. On remédiait alors à la difficulté en reliant entre eux une série de bateaux ou de pontons spéciaux, qui traversaient le cours d'eau ; on fixait sur eux un tablier, servant au passage qui était alors aussi facile que sur un pont de pierre.

Il y a encore, dans l'armée, un régiment de pontonniers destiné à établir, pour le passage des armées, des ponts de bateaux ou de chevalets ; mais le progrès s'est fait sentir là comme ailleurs, et on substitue aux ponts de bateaux des ponts en fer plus solides et plus vite jetés.

Près de Strasbourg, à Kehl, il y avait un pont de bateaux d'une grande longueur, qui a été remplacé par un pont métallique jeté sur des tubes pénétrant dans le sol au fond du fleuve, ils furent coulés à vide au moyen de l'air comprimé puis ensuite remplis de béton ; ce système a été adopté, même à la mer, pour établir des jetées telles que celle de la barre de l'Adour. Entre Bayonne et Saint-Esprit, il y avait aussi un pont de bateaux, qui se voit sur un des tableaux représentant les ports de France, de Joseph Vernet.

Les *Bacs*, qui servent au passage des rivières, en

des points où il n'y a pas de ponts, sont des bateaux plats assez larges et assez longs pour recevoir des voitures, des chevaux, des bestiaux et de nombreux passagers. Ils sont assez creux pour que leurs côtés puissent protéger leur contenu et ont, à chaque extrémité, des tremplins qui, abaissés, vont s'appuyer sur les rives disposées de façon à ce que l'embarquement et le débarquement s'opèrent sans difficultés. Ils sont mus au moyen d'un va-et-vient fixé sur les deux bords de la rivière et sur lequel ils se hâlent. Rarement le passage s'effectue au moyen d'avirons. Ils sont très solidement construits. En Espagne, on les nomme *Pontons*.

Aux Etats-Unis, il y a des Bacs, *Ferry-Boats*, qui servent à transporter des trains de chemins de fer entiers, à travers les baies et les fleuves. Les voies ferrées se prolongent sur des appontements, au bout desquels se trouvent les Bacs, et les wagons retrouvant sur ceux-ci les voies en raccord avec celles de l'appontement, s'embarquent sans la moindre difficulté. A l'arrivée, il en est de même, le bac accoste l'appontement, et les voies raccordées, les trains se retrouvent bientôt à terre. Ce n'est pas seulement en Amérique qu'on emploie ce système, mais aussi en Danemark où il est très répandu et dans quelques autres contrées de l'Europe.

Les grands *Bacs à vapeur* ne sont pas spécialement mis au service du transport des trains, ils servent également au passage des piétons, bêtes, voitures, etc., à travers les rades et d'une ville voisine à l'autre. Et malgré l'encombrement apparent qui semble résulter de tout ce que le Ferry-Boat embarque, on ne saurait croire avec quelle rapidité tout cela s'opère et la régularité avec laquelle s'effectuent les départs.

CHAPITRE VII

LES BATIMENTS DE COMMERCE

Ce sont les flotteurs destinés à la grande navigation du commerce, au long cours, ainsi qu'on a pris la coutume de dire, dont il sera question dans la présente partie.

Dès l'antiquité, le besoin de connaître, le désir du gain également, se faisant sentir, on s'efforçait d'établir des relations avec quelques pays lointains, où certaines denrées devaient abonder, où des métaux précieux s'obtiendraient facilement ; l'ambition des découvertes excita également quelques marins à s'aventurer loin de leur pays.

Les premiers flotteurs qui peuvent être considérés comme des navires furent construits par les Egyptiens. On sait que Sésostris fit plusieurs expéditions avec des flotteurs d'une cinquantaine de coudées de longueur qui étaient appelés *Pentecontores*. Les Phéniciens eurent des flottes considérables, au moyen desquelles ils vinrent coloniser jusqu'à Cadix, et, partant de la mer Rouge, firent le tour de l'Afrique. En même temps, celles de

Salomon allaient chercher pour ce prince l'or, l'argent, l'ivoire, dont une si grande partie servit à orner le temple de Jérusalem qu'il bâtissait. Sémiramis eut, elle aussi, des navires en grand nombre.

Ce fut d'abord à l'aviron que les grands flotteurs furent mis en mouvement, et il y eut un assez grand nombre de systèmes, d'après lesquels les noms de *trirèmes*, *quinquerèmes*, *trières*, *pentères*, *hexères*, etc. On n'est pas bien d'accord sur ce qui a réellement existé au point de vue du nombre des rangs de rames. Nous n'entrerons pas dans la voie des discussions qui ont eu lieu sur le sujet, nous nous bornons à dire qu'alors les flotteurs marchaient à la rame, à l'aviron.

Les premières voiles employées furent naturellement des basses voiles, enverguées sur d'assez longues vergues, puis un jour sur le plus grand des mâts apparut le *suparum;* c'était le précurseur du *hunier*.

On arrive, sans trop constater de progrès notables dans la coque, le gréement et la voilure des flotteurs, jusqu'aux *Nefs*, qui furent les bâtiments au moyen desquels les peuples du Nord, Bretons, Normands et autres, faisaient le commerce et aussi la grande pêche, en Islande et sans doute à Terre-Neuve.

Il y eut aussi des *Nefs*, dans la Méditerranée et même de fort grandes, puisqu'on en cite portant 1500 tonneaux. Nous verrons ailleurs comment elles servirent aussi dans d'autres buts.

Dès le xIVᵉ siècle, apparaissent les *Caraques,* qui furent plutôt des bâtiments destinés à la guerre, ainsi que nous le dirons plus loin. Quelques-unes, appartenant particulièrement aux Portugais, faisaient le commerce des Indes. A cette époque, le système de voilure s'est déjà perfectionné; on a adopté les huniers et même une troisième voile

Fig. 128. — Caraque.

par dessus ceux-ci, les perroquets (fig. 128). Si l'on en juge de ces sortes de navires par les représentations du temps, les basses voiles ont une énorme chute et les huniers très peu de guindant; elles ne portaient pas toutes des perroquets. Le beaupré reçoit une voile de civadière, et sur un petit mât perpendiculaire fixé à son extrémité une sorte de hunier de petite dimension.

Les *Galions* furent alors employés et devinrent par la suite, les navires dont les Espagnols se servirent pour transporter de leurs possessions américaines tous les produits que ces contrées envoyaient à la mère patrie. En raison de la richesse de leurs chargements, ils portaient des canons et avaient des équipages nombreux en matelots et soldats.

On sait ce qui advint à une flotte de galions venant du Mexique, portant non seulement les matières les plus précieuses, indigo, argent, or, pierreries, etc., mais encore des sommes considérables, tribut de plusieurs années. Elle était escortée par une escadre française, commandée par Château-Reynaud ; rencontrés par une flotte anglaise qui l'attendait, les galions et leur escorte entrèrent dans la vaste baie de Vigo. Le lendemain, les Anglais vinrent l'y attaquer, et malgré la vigoureuse défense de l'escadre française, ils succombèrent, mais les assaillants n'en tirèrent aucun profit, les navires espagnols coulèrent tous, avec leurs cargaisons. On ne sut jamais ce que devinrent les richesses amassées à bord des galions ; quelques-uns présument qu'elles furent débarquées secrètement dans la nuit qui précéda le combat ; d'autres pensent que les Anglais vinrent en temps opportun fouiller les navires coulés. Mais ceci est fort peu probable.

En 1874, une Compagnie qui s'était formée pour l'exploration des galions de Vigo, malgré les appareils perfectionnés qui furent mis en usage, et qui auraient certainement ramené les fonds comme ils ramenèrent bien des choses, ne parvint à rien trouver en fait d'or ou d'argent, tant monnayé qu'en lingots.

Les galions chargeaient dans les divers ports de la mer des Caraïbes et du golfe du Mexique, plus particulièrement à Vera-Cruz. Leurs opérations étaient clandestinement surveillées par des agents que les Flibustiers entretenaient pour connaître et ce qu'ils emportaient et l'époque de leur départ et de leur armement. Ils pouvaient ainsi préparer l'attaque de ceux de ces bâtiments qu'ils jugeaient une proie digne d'eux et dont la prise aurait assez de retentissement pour frapper l'esprit de ces ennemis qu'ils poursuivaient avec un acharnement inouï.

Les *Hourques*, on dit aussi *Houcres*, étaient arrivés à devenir de forts bâtiments de charge, solidement construits et aménagés pour de longs voyages, par les Hollandais.

Les Vénitiens se servaient de navires carrés de l'arrière et renflés de l'avant, qui avaient parfois quatre mâts et qu'ils nommaient *Marsillianes*. Ils employaient également la galère bâtarde à cul rond et un autre bâtiment du même genre appelé *Galeon di mercantia*.

De la même époque sont les *Bertons*, larges et profonds, les *Maones* ou *Mahones* servaient aux Turcs pour transporter des troupes, des canons, des chevaux, du matériel et des provisions, c'est ce que nous appelons aujourd'hui des *Transports*.

Dans le même cas étaient les *Caramoussals* et les *Palandries*. Ces derniers présentaient une modification d'un autre type également turc, la *Chélande*, marchant d'abord à la rame, puis devenue navire à voiles.

On se servait aussi dans le Levant pour le transport des marchandises d'un navire large et court qui portait le nom de *Yerme*.

Les commerçants chinois ont des navires de types variant suivant les fantaisies des armateurs ou la mode de tel ou tel port, mais tous sont des *Jonques*. Il en est où chaque chargeur s'embarque avec sa marchandise et trône sur ses ballots comme s'il était dans son comptoir, en chantant pour tuer le temps; il en est même qui la débitent pendant le cours du voyage et certaines jonques présentent l'aspect d'un bazar. Les marchands de nids d'hirondelles et de trépang poussent même le négoce jusqu'à les préparer suivant les recettes de la cuisine chinoise et de les débiter à l'heure des repas aux amateurs qui ne manquent pas, il arrive souvent que toute la marchandise est vendue et consommée avant l'arrivée à destination. Rien n'est curieux comme une jonque ainsi affrétée par un certain nombre de marchands chinois. Chacun d'eux transforme la partie du navire qui lui est affectée en une sorte de boutique où il s'installe complètement, il s'arrange pour y avoir son coucher, son bureau, sa cuisine, préparant son lit, son poisson, son canard, ses œufs coagulés par la vétusté, chantant en s'accompagnant sur quelque instrument à corde, recevant des visites ou ronflant le ventre en l'air, malgré les cris de chiens, les grognements des cochons qui courent libres en tous les coins de la jonque. Sur l'arrière dominant le tout, le capitaine, superbe de calme et se rengorgeant dans sa toute-puissance à bord de sa jonque

Dans l'Océan, la construction des navires de commerce suivit à peu près les progrès qui furent faits dans celles des bâtiments de l'État, c'était à peu près les mêmes formes avec de moindres dimensions, et si ces formes éprouvèrent diverses modifications d'âges en âges, les grands flotteurs marchands se retrouvent aujourd'hui avec les mêmes noms qu'il y a deux siècles.

LES SCHOONERS

Il faut d'abord parler des grands *Schooners*, que les Américains ont exagérés jusqu'à en faire des bâtiments de plus de mille tonneaux et sur lesquels par suite il fallait mettre d'énormes mâtures chargées d'une surface de toile prodigieuse. Ceci avait parfois ses inconvénients, mais les armateurs y trouvaient des avantages, des équipages restreints et une grande vitesse. On put croire pendant un certain temps qu'il n'y aurait plus que des Schooners aux États-Unis et on en fit qui portèrent trois mâts, ce ne fut pas assez, on augmenta la longueur des flotteurs et on leur planta un quatrième mât. Chacun d'eux ne portait que la voile goëlette trapézoïdale enverguée sur une corne et une flèche, puis parfois jusqu'à six focs. Tout cela bien espalmé, la mâture reluisante, les voiles en coton bien blanches, la coque bien entretenue. Ces bâtiments avaient bon air et inspiraient une grande confiance. Le même genre de bâtiment eut la même vogue au Canada, et nous ne voudrions pas affirmer que c'est plutôt aux États-Unis qu'au Canada que ces transformations du petit Schooner, de 100 tonneaux au plus, jusqu'à celui de 1500, avec ses quatre mâts, se sont produites d'abord, ce qui est certain c'est que l'innovation s'est rapidement propagée d'un pays à l'autre.

Puis, c'est le *Grand Brick* de 3 à 400 tonneaux, qui fait le voyage des Antilles, du Brésil, de la Plata, de la côte occidentale d'Afrique et dont quelques-uns vont jusque dans l'Inde.

LES TROIS-MATS

Le *Trois-Mâts-Barque* qui ne porte de voiles carrées qu'au grand mât et au mât de misaine.

Le *Trois-Mâts, Trois-Mâts carré, Trois-Mâts franc* qui porte hunier, perroquets et cacatois à tous ses mâts.

Quelques capitaines, les Américains surtout, surchargeaient leur voilure de contre-cacatois, au-dessus de ceux-ci et aussi d'ailes de pigeons ou *skyscrapers* (gratte-ciel) par dessus les contre-cacatois.

Le *Trois-Mâts carré* moderne a subi bien des modifications, pendant la fin du dernier siècle et le cours de celui-ci. Le type commun, il y a cent ans, était le navire de 800 tonneaux et ne dépassait jamais 1000.

Au-dessus de ce chiffre, il y avait cependant une catégorie de gros navires qui doivent être rangés parmi ceux de commerce, c'étaient les bâtiments de la Compagnie des Indes, vaisseaux à deux ponts presque tous dont les batteries étaient toujours armées de leurs canons, ils étaient affectés au seul service de l'Inde.

Les Hollandais, comme les Anglais, eurent leurs navires de Compagnie et nous-mêmes, tant que notre Compagnie des Indes subsista, nous eûmes des vaisseaux lui appartenant. Ce fut elle qui fonda Lorient, qu'elle avait choisi comme port et où elle avait tous ses établissements. Parmi les officiers qu'elle eut à son service, il y en eut de fort distingués et de fort savants ; ils ont laissé des écrits, qui furent estimés et dont on usa jusqu'à la révolution si complète que la vapeur produisit en marine.

Après les guerres du premier Empire, l'industrie, un moment forcément endormie, se réveilla, les cotons américains furent largement employés en Europe, les armateurs de Charleston, de Philadel-

phie, de Boston, de New-York, firent construire
pour les porter de larges et grands navires, dont
le tonnage augmenta peu à peu et dépassa deux
mille tonneaux. On les reconnaissait facilement à
leurs joues largement développées et évasées, ce
que l'on supposait être une défense contre les
coups de mer, erreur dont on finit par revenir et
qui ne se retrouvait plus sur les élégants Trois-
Mâts que New-York construisait vers 1850, comme
perfectionnement des Clippers anglais.

Lorsque l'opium devint un objet de contrebande
en Chine, la mesure excita un mouvement d'entreprise en Angleterre, on construisit dans ce pays un
nouveau type de flotteur en abandonnant les tra-
ditions usuelles d'après lesquelles il fallait donner
au navire de commerce les formes les plus propres
à lui assurer la capacité comme tonnage sans trop
s'inquiéter de celle de la marche. Ce fut, au contraire, à celle-ci qu'on sacrifia l'autre, et avec les
nouveaux navires on obtint des vitesses qui
n'avaient pas encore été réalisées. Ces nouveaux
types aux formes très fines, aux lignes d'eau soigneusement étudiées et exécutées avec habileté,
furent nommés *clippers*. Quelques capitaines, pour
obtenir encore plus de rapidité dans la marche de
leurs navires, y ajoutèrent un quatrième mât. Il y
eut certainement progrès, à cette époque dans la
construction navale.

Ce ne furent pas seulement les formes qui furent
mieux étudiées et calculées; la rareté des bois

produisit également son effet, l'emploi du fer fut introduit, on renforça bien des points faibles par des courbes de ce métal, on en cintra les carcasses, on en fit des contre-baux, des contre-préceintes, en un mot on en mit un peu partout. Puis, les coques en tôle devinrent à la mode et de grands Trois-Mâts tout entiers en fer, même la mâture, apparurent et servirent d'une façon fort satisfaisante.

La voilure, en même temps que la carène, subissait l'influence du progrès. D'habitude chaque hunier avait trois bandes de ris, garnies de garcettes, au moyen desquelles, en amarrant la toile ramenée pli par pli sur la vergue, on diminuait la surface de la voile livrée au vent, de toute la hauteur de la bande de ris. On pouvait donc la réduire considérablement en prenant tous les ris et lorsqu'il en était ainsi, lorsque le bas ris était pris, on pouvait dire qu'il faisait mauvais temps. Mais cette opération de prendre des ris était toujours délicate, parfois dangereuse pour les hommes, qui, ballottés sur la vergue par les mouvements du navire, partagés par le sentiment du devoir et celui de la conservation de leur peau, ainsi qu'ils disaient, souvent peu forts et peu familiarisés avec cette besogne, la faisaient mal. Elle devenait alors aussi dangereuse pour le navire, car le ris mal pris, la toile tiraillée par le vent, finissait par s'échapper, se déchirait et parfois la voile entière était enlevée avant qu'on ait pu remédier au mal. Et si en ce moment cette voile perdue était indispensable pour maintenir le navire en cape, il pouvait en résulter de graves accidents. On chercha donc un moyen de prendre plus facilement les ris et on imagina d'abord l'enroulement de la toile sur la vergue ou sur une vergue accessoire qui tournait à mesure que la drisse du hunier était mollie et qu'il s'amenait, c'est-à-dire s'abaissait peu à peu. Cette méthode affaiblissait mâts et vergues par les engrenages qu'elle exigeait, il n'eut pas grand succès, de même que quelques autres. On s'arrêta à ce parti qui, en définitive, est le plus simple, de partager le hunier en trois et d'enverguer chacune des parties, celles d'en bas demeurant le hunier et celles d'en haut les volants. Lorsqu'on les amène, ils retombent l'un et l'autre sur le hunier et celui-ci demeurant seul établi, puisqu'il masque les volants, on est dans le même cas que si le bas ris était pris. Un volant seul amené, c'est un ris de pris.

LES PAQUEBOTS

Vers 1840, le courant de voyageurs entre les Etats-Unis et l'Europe avait pris de grandes proportions et c'était sur les navires américains que les passages s'effectuaient. Quelques armateurs avaient pour cela établi des lignes de paquebots dont le service était fort bien organisé. Sur ces

bâtiments, les aménagements étaient luxueuse-
ment établis, les bois les plus précieux n'y étaient
pas ménagés et tout le confort possible sur un
navire s'y trouvait largement et richement octroyé.
On allait au Havre, rien que pour visiter un pa-
quebot américain.

L'Angleterre entretenait également des paquebots sur quelques lignes, celle de Douvres à
Calais et à Ostende, une sur les Antilles, le golfe
du Mexique, la Côte Ferme, les Guyanes ; une
autre sur Rio-Janeiro avec annexe sur la Plata ;
puis la malle du Cap, celle des Indes et celle
d'Australie. Mais la plupart des bâtiments qui les
desservaient appartenaient à l'État et servaient
seulement au transport des dépêches.

LA PÊCHE DE LA BALEINE. — BALEINIERS

Une spécialité très accusée en marine était celle
de la pêche de la baleine, pour laquelle on armait
de forts Trois-Mâts d'un tonnage d'au moins
600 tonneaux. Les campagnes qu'ils entrepre-
naient étaient d'une durée d'environ trois années,
ils étaient donc approvisionnés en conséquence.
La nature de la destination comportait certains
détails d'aménagement qui leur étaient tout à fait
particuliers. Ils avaient un entrepont dans une
partie duquel se logeait leur nombreux équipage
et une partie de l'outillage, qui leur était nécessaire.

Pour la pêche, le baleinier avait de six à huit

baleinières, embarcations dont il a été question dans un des premiers chapitres de ce livre. Chacune d'elles avait son équipage désigné : quatre hommes pour la nage ; à l'arrière un officier de pêche, gouvernant avec un aviron de queue ; à l'avant un harponneur, nageant, un cinquième aviron, mais ayant à sa portée ses harpons, la baille au dedans de laquelle était soigneusement lovée la ligne fixée sur le harpon, et la hache destinée à trancher cette ligne dans le cas où, par quelque incident imprévu, elle viendrait à s'embrouiller ou à s'arrêter sur le rouleau qui lui sert à s'échapper de l'embarcation à mesure qu'elle est appelée par les mouvements de l'animal harponné.

Sur les barres de perroquet de chaque mât étaient toujours des hommes en vigie, qui scrutaient incessamment l'horizon s'étendant autour du baleinier, et aussitôt que l'un d'eux apercevait une baleine, il l'annonçait par ce cri que nous avons pris aux Anglais : « *She blows,* elle souffle. » C'est qu'en effet l'animal revient de temps en temps à la surface et rejette par ses évents l'eau contenue dans les cavités respiratoires et lance à quelques mètres en l'air une gerbe liquide qui la signale.

Aussitôt le cri entendu, on amène deux ou trois baleinières des potences où elles sont suspendues, on les arme rapidement et elles s'éloignent à force de rames du navire, pour courir sur le butin à conquérir. Aussitôt qu'une d'elles approche du cétacé, le harponneur rentre son aviron, saisit le harpon, l'assujettit bien sur son manche et se met en posture pour le lancer, en choisissant le point le plus propre à blesser mortellement la baleine. L'arme projetée, ayant pénétré profondément, par la tension qu'éprouve bientôt la ligne, s'ouvre et se place en travers de la plaie dès lors elle ne peut plus sortir. La blessure, naturellement douloureuse, excite l'animal à s'éloigner du lieu où il vient d'être frappé, il plonge avec une rapidité telle, qu'il est nécessaire de mouiller sans interruption la ligne qui tient au harpon pour qu'elle ne mette pas le feu par son frottement au bois sur lequel elle passe. Au bout d'un certain temps, la blessée revient sur l'eau ; on la veille, et l'officier de pêche qui a pris la place du harponneur, tandis que celui-ci s'est porté derrière pour le remplacer et prendre l'aviron de queue, choisit bien son moment et enfonce à son tour une longue lame, ayant la forme d'une feuille de laurier, dans une partie vitale de l'animal.

Mais tout ceci ne se passe pas toujours sans péripéties : la baleine veut quelquefois se défendre ; elle cherche l'embarcation, tente de se jeter contre elle ; il faut alors manœuvrer avec habileté et rapidité pour éviter ses coups ; on n'y arrive pas toujours et parfois, d'un coup de queue, elle envoie la baleinière en l'air et disperse sur les flots son équipage, que les autres embarcations s'empressent de secourir si elles sont à portée et non à la poursuite d'un autre cétacé.

Les cachalots sont plus dangereux que les baleines ; lorsqu'ils arrivent assez près pour mordre, ils broient parfois entre leurs puissantes mâchoires le frêle flotteur qui est venu les attaquer.

Une cuisine maçonnée avec soin est installée avec toutes les précautions possibles pour que le feu à bord ne puisse provenir d'elle, sert à la fonte du lard de baleine que l'on transforme ainsi en cette huile si précieuse pour la tannerie et d'autres industries. C'est en effet à bord des *Baleiniers* que l'énorme cétacé capturé est dépecé, amarré le long de ses flancs. Les baleiniers, armés d'instruments de diverses sortes bien aiguisés, tranchent de longues bandes de cette chair graisseuse, recouvrant la carcasse de l'animal ; à coups de palan, ou les arrache, puis on les dépose sur le pont, sur des établis *ad hoc*. Ces bandes de chair sont alors découpées en petits cubes que l'on jette dans la chaudière où ils sont bientôt fondus. Avec de grandes écumoires, les chauffeurs retirent les résidus qui servent à entretenir les feux dans les fournaux chauffant la chaudière.

On transvase l'huile dans des cuves, où elle se refroidit, puis on l'envoie au moyen d'une manche en cuir emplir peu à peu les barriques arrimées sur plusieurs plans dans la calle et qui sont destinées à la recevoir. Lorsqu'elles étaient toutes remplies, le baleinier ralliait quelque port ; s'il trouvait à se défaire du produit de sa pêche, en tout ou en partie, il retournait sur les lieux où il supposait pouvoir retrouver des baleines ou des cachalots ; sinon, il rentrait à son port d'armement.

La pêche de la baleine et du cachalot fut très florissante autrefois dans le fond du golfe de Gascogne ; les marins basques en prenaient un si grand nombre que les clôtures des champs et des jardins, autour de leurs villages, étaient composées de côtes de baleines et que dans chaque maison, la plupart des sièges consistaient en vertèbres de ces animaux. Ces vestiges d'un tel état de choses pouvaient encore se voir, il y a une vingtaine d'années.

On pêchait presque spécialement une espèce que l'on considère comme particuliere au golfe de Gascogne jusqu'au moment où elle a abandonné sa patrie. On la désigne sous le nom de *Baleina biscayensis*. Cependant elle n'était pas la seule que l'on capturait dans le golfe. Les recherches faites à ce sujet, par notre savant ami, le docteur Paul Fischer, portent leur nombre à cinq : *Baleina biscayensis, Balœnoptera borealis, Balœnoptera Sibbaldi, Balœnoptera musculus* et *Balœnoptera rostrata*.

Cette pêche ne se fait plus aujourd'hui, par une bonne raison, c'est que les baleines ont disparu, et ce n'est plus que de très loin en très loin qu'on en voit une rôdant autour des baies où les pêcheurs de sardines ont mis à l'eau leurs filets.

Mais ce n'est pas seulement dans le golfe de

Gascogne que les baleines sont devenues rares, c'est un peu partout; il faut maintenant les aller chercher jusqu'aux mers glacées qui avoisinent les pôles, et le métier n'est plus guère lucratif.

LA PÊCHE DE LA MORUE

Sur le banc de Terre-Neuve, qui s'étend assez loin au large de l'île du même nom, des navires armés dans les ports de la Manche et de la Bretagne, viennent mouiller et demeurent au mouillage pendant quelques mois, occupés à la pêche de la morue. Il s'y passe, en certains moments, de violents coups de vent, les bâtiments y sont rudement secoués et les matelots deviennent là de rudes marins, qui ne feront guère d'autre navigation que celle du banc.

La vie n'y est cependant guère douce. Avec le jour, les pêcheurs embarquent sur les embarcations qui se dispersent autour du navire et passent la journée à hâler les morues dans les chaloupes, car elles sont en telle abondance sur le fond du banc qu'à peine la ligne amorcée (*bouettée*, ainsi que les pêcheurs disent) arrive-t-elle que l'appât est saisi et une capture faite. Et elles se succèdent si rapidement qu'il faut de temps en temps que ce soit le matelot qui chôme, pour prendre un peu de repos, il cesse d'envoyer ses lignes au fond.

Quand il n'y a ni pluie, ni brume, cela va bien ; on revient tranquillement à bord vers le soir, chargé en plein. Mais lorsque la pluie glaciale ne cesse de tomber, elle enlève toute gaîté, et c'est tristement que la pêche s'exécute. Avec la brume, cette brume épaisse, blanche comme la neige, que la brise fait courir sans la disperser, outre l'ennui il y a l'angoisse, car on ne sait pas si l'on pourra retrouver son navire et combien de jours cette brume maudite durera.

Ce n'est pas toujours dans des chaloupes de pêche, solides embarcations, bien faites pour la mer dure, que les pêcheurs vont chaque matin exercer leur métier en dehors de leur navire. Ceux de Saint-Mâlo surtout se servent d'une petite embarcation appelée *Doris*, qui présente bien moins de sécurité que la chaloupe. Cependant, l'une et l'autre courent les mêmes dangers dès qu'il s'agit du passage sur le banc des grands paquebots par lesquels ils peuvent être engloutis sans chance de sauvetage, sans avoir été aperçus.

Les Anglais et les Canadiens pêchent également le même poisson dans les mêmes parages.

La pêche de la morue se fait aussi en Islande ; ce sont des Goëlettes et des Lougres, armés dans dans quelques ports du Nord et de la Bretagne, qui vont chaque année affronter les tempêtes glacées de cette mer, déjà presque boréale. Ce métier de pêcheur d'Islande est atroce et meurtrier ; cependant, il se trouve toujours des hommes pour y retourner et pour initier de nouvelles recrues à ces endurances de fatigues et de périls.   •

AU POLE NORD

Non seulement l'idée que l'on pouvait, par mer, doubler l'Amérique par le nord inspira à des esprits aventureux la pensée de rechercher ce qu'on appela le *passage nord-ouest;* mais aussi le désir de parvenir au pôle excita des entreprises en vue d'obtenir ces résultats.

Des bâtiments de diverses sortes furent armés pour des expéditions dans les mers arctiques. On les avait aménagés avec le plus grand soin, en vue d'hivernages à passer au milieu des glaces ; ils étaient approvisionnés également pour que les équipages fussent nourris avec le plus grand soin et avec le confort que nécessitait un séjour prolongé à bord, dans des conditions exceptionnelles. Ils devaient, en effet, demeurer à peu près enfermés au dedans de leurs navires pendant une nuit obscure de plusieurs mois de durée, sous une température extérieure des plus basses, qui ne permettait pas qu'on s'y exposât longtemps. Il fallait même, au dedans, la combattre par des feux de poêle constamment allumés, de même que les lampes qui éclairaient les travaux auxquels on se livrait à bord, non seulement pour satisfaire aux nécessités du service, mais aussi pour que l'ennui ne puisse s'emparer des esprits et devenir la source d'autres maux qu'il fallait prévenir.

Malgré tous les soins donnés aux armements, toutes les ressources que l'esprit put imaginer pour vaincre les difficultés, qui, en se renouvelant sans cesse, arrêtaient les progrès des explorateurs, tous les efforts furent vains : aucun d'eux ne parvint au pôle, aucun passage n'est encore découvert.

Malgré cela on espère toujours y arriver et de nouvelles expéditions se préparent dans ce but.

LES COQUES EN FER

Nous avons dit que l'on construisait des navires dont la coque entière était en fer, c'est-à-dire établis avec de grandes et larges plaques de tôle faisant bordage et qui sont rivées sur une membrure qui est également formée par des tôles renforcées de fer d'angles ou cornières, et de courbes du même métal. On a même quelquefois substitué l'acier au fer, ce qui permet de rendre les pièces employées plus légères.

Quelques-uns des bâtiments de ce genre sont employés pour porter du pétrole sans l'enfermer dans des fûts ; on l'introduit en vrague dans les cales à compartiments, et on lui fait ainsi traverser l'Océan. Ces navires sont alors de véritables citernes à pétrole. On comprend quels dangers un tel chargement présente et combien de précautions de toutes espèces il faut prendre pendant le chargement, la durée de la traversée et le déchargement.

LE COMMERCE ET LA NAVIGATION

De tout temps, le commerce fut le principal stimulant qui excita les peuples à chercher d'établir des relations non seulement avec leurs voisins, mais encore à les étendre au loin. Ce fut dans ce but que, peu à peu, le nombre des flotteurs devint de plus en plus considérable et que leurs dimensions grandirent, en même temps que leurs qualités nautiques progressèrent. C'est à ce besoin de se procurer des denrées, qui augmentaient l'appoint des ressources alimentaires et apportaient des raffinements dans leurs préparations, faisant ainsi naître le luxe dans l'art culinaire, qui en même temps procuraient des éléments nouveaux dans la thérapeutique, des ressources dans la confection des étoffes, des bois précieux pour la construction et l'ébénisterie, des métaux accroissant les richesses ; c'est au désir de faire de gros bénéfices, en allant à la recherche des épices, des matières textiles, soie, coton, laines, alpagas, des fourrures de toutes sortes, de l'or, de l'argent, des perles, des pierres précieuses, diamants, rubis, topazes, émeraudes, que l'on doit les entreprises qui poussèrent les peuples loin de chez eux. C'est pour les exécuter que des navires, appropriés au but, furent construits et furent dirigés vers l'Inde et l'Amérique, plus tard en Océanie. C'est à cet esprit d'extension du commerce existant que sont dues les aventureuses expéditions qui amenèrent les découvertes dont les résultats firent connaître peu à peu toutes les terres répandues au milieu des océans, sur toute la surface du globe, et qui ont immortalisé les noms de Colomb, Vasco de Gama, Magellan, Americ Vespuce, Balboa, Drake, Cook, Van Diemen, etc.

Pour nous, Français, nous avons à nous enorgueillir d'avoir eu notre part dans ces gloires de la recherche de terres inconnues.

Les Dieppois, avant tous les autres, si ce n'est Sésostris, allaient fonder, sur la côte occidentale d'Afrique des établissements dont les traces subsistent, puisqu'on y trouve encore aujourd'hui le Grand Dieppe et le Petit Dieppe.

Un peu plus tard, Béthencourt découvre les Canaries, s'y établit, et ses descendants s'y sont perpétués ; il y a encore des Béthencourt à Ténériffe.

Cabot découvre le Canada ; Ponce de Léon prend possession de la Louisiane et des Florides ; Lapeyrouse entreprend un grand voyage d'explorations ; Dumont d'Urville découvre les Terres Louis-Philippe, Adélie, etc.

CHAPITRE VIII

LES FLOTTEURS A RAMES

Il est bien connu que les flottes primitives étaient composées de navires à rames. Les Egyptiens, les Phéniciens, les Perses furent les premiers qui en armèrent. Les Syracusains viennent ensuite, puis les Grecs, les Carthaginois et les Romains. Ce furent des navires à un rang de rames, comme les *Liburnes*, que construisaient les Liburniens, puis des *Trirèmes* à trois rangs. Peut-être est-il prudent de s'arrêter à ce chiffre. On n'est pas bien d'accord lorsqu'il s'agit de l'élever, bien qu'il soit souvent question de bâtiments qui auraient été pourvus d'un nombre de rangs de rames qui nous paraît tout à fait impossible. Nous ne nous étendrons pas non plus sur les dispositions qui permettaient la manœuvre des rames, elles ont été également discutées et l'accord ne s'est pas fait non plus sur ce point.

Arrivons aux *Galères* qui furent longtemps dans la Méditerranée les flotteurs destinés aux transactions commerciales, mais plus particulièrement les navires de guerre des contrées baignées par elle.

Avant elles, il y eut les *Dromons* desquels elles dérivent sans doute : c'étaient des navires longs et rapides, ils avaient un ou deux rangs de rames.

Les *Pamphyles*, du même genre, étaient plus petits et plus fins.

Il y eut aussi les *Galées* qui étaient des Liburnes dont on avait changé le nom ; de celles-ci vinrent les *Galions*, plus petits, et pour cette cause plus faciles à manœuvrer et qu'il ne faut pas confondre avec les Galions, navires à voiles dont nous avons parlé ; on les appelait aussi *Galiotes*, différant également de la Galiote hollandaise dont il a été question. En raison de sa légèreté, on l'employait à porter le feu grégeois pour incendier les navires ennemis.

Il en est de même du *Brigantin*, appartenant également au genre galère, et de la *Frégate*, qui primitivement était un très petit bâtiment à rames ; la *Fuste* était également à rames et rapprochée d'elle.

Les *Ramberges* ont beaucoup varié dans leurs dimensions et leur tonnage ; c'étaient des espèces de Galères.

Au xɪvᵉ siècle, les Galères génoises, vénitiennes et castillannes, avaient trois rames par banc.

La *Galère subtile*, qui fut celle perfectionnée à laquelle on s'arrêta pour faire la guerre et la course, était longue de 50 à 60 mètres. Alors que l'artillerie fut introduite sur les flotteurs, la galère subtile fut jugée trop légère pour pouvoir en être armée ; on construisit des coques beaucoup plus fortes et plus relevées. Ce furent les *Galéasses* qui portèrent jusqu'à cinquante canons.

Elles armaient vingt-cinq rames de chaque bord et sur chacune d'elles il fallait huit hommes. Comme équipage, plus de sept cents matelots, soldats et rameurs. Ces derniers formaient ce que l'on nommait la *chiourme*, et celle-ci était composée des criminels condamnés aux galères et des captifs pris sur les Turcs et les Barbaresques. Les mouvements de la nage étaient commandés par les *comites*, sorte de sous-officiers argousins, et c'était au moyen du sifflet que les commandements étaient faits. C'est évidemment de là qu'est venue la coutume de faire exécuter les commandements de manœuvre par les maîtres, seconds maîtres et quartiers-maîtres de cette profession à l'aide d'un sifflet, à bord des bâtiments de guerre. L'officier commande ce qui doit être fait, et les maîtres modulant suivant le cas les intonations de leurs sifflets, les matelots ne s'y méprennent pas ; ils savent bien, quand même ils n'auraient pas entendu le commandement de l'officier, s'il faut filer les écoutes de foc ou hâler une bouline. Tous les sifflets réunis pour appeler tout le monde sur le pont font une assez jolie musique ; mais lorsque, tous réunis encore, ils signalent le dîner ou le souper de l'équipage, la musique paraît bien plus aimable.

La chiourme voguait, c'est ainsi qu'on disait au

lieu de ramait, quelquefois pendant dix ou douze heures, et plus encore si l'on donnait la chasse à quelque galère ennemie, et l'on n'admettait pas la fatigue. Le malheureux qui faiblissait, c'est à coups de fouet qu'on le forçait à se relever, et comme, lorsqu'ils voguaient, les galériens étaient complètement nus, chaque coup meurtrissait les chairs. En temps ordinaire, le tiers ou la moitié des rames étaient mises en mouvement, celles au repos étaient

Fig. 129. — Galère de France au xviie siècle.

relevées et les hommes en profitaient pour se reposer aussi.

Aux rames on ajoutait des voiles enverguées sur de très longues antennes et supportées par deux mâts, celui du milieu portait le nom d'*arbre de mestre*, celui de l'avant d'*arbre de trinquet* (fig. 129); sur les dernières galeries on ajoutait un troisième mât à l'arrière, l'*arbre de poupe*.

Ce genre de flotteurs approprié à la guerre a été fort employé pendant une assez longue période.

C'était à Marseille que se trouvait l'arsenal des galères de France et le bagne, où se recrutaient leurs rameurs.

Les galères avaient un vocabulaire nautique, qui leur était particulier et dont certaines expressions nous semblent aujourd'hui non seulement pittoresques, mais fort significatives, expressives si l'on veut.

Quelques-unes lorsqu'elles nous reviennent à l'esprit nous montent à la tête avec un parfum de cette vaillance que montraient les chevaliers de Malte en sortant des ports de l'île pour s'élancer à la recherche de ces nombreux pirates que recélaient les villes barbaresques, qu'ils poursuivaient avec acharnement, et auxquels ils livraient combat, quel que fût leur nombre. Dans ce but de charité et de dévouement chrétien, de tirer de leurs mains les captifs qu'ils avaient pris et les navires dont ils s'étaient emparés, ils escortaient ceux qui auraient pu se trouver exposés à leurs coups, ils croisaient sur les côtes d'Italie, de France et d'Espagne pour s'opposer aux descentes des Turcs. Fiers marins et fiers soldats, ils appartenaient à cet ordre qui porta d'abord le nom de « Saint-Jean-de-Jérusalem » et qui prit celui de « chevaliers de Malte » lorsqu'ayant perdu Rhodes ils vinrent occuper cette île. Au nombre des glorieux combats que les galères de l'ordre livrèrent, il faut citer celui d'Episcopia. Une flotte turque de quatre-vingts voiles avait été envoyée pour s'emparer de Rhodes où les chevaliers s'étaient établis. Le commandeur Gérard de Pins, à la tête de dix galères et de quelques bâtiments marchands, ne craignit pas d'aller attaquer les infidèles; les chevaliers s'emparèrent de plusieurs des navires ennemis et mirent en fuite ceux qui ne furent pas pris.

A la bataille de Lépante, ils prirent également une part active, et s'il fallait citer tous les exploits par lesquels leur ordre fut justement honoré et qui lui valut un si haut renom, il faudrait de nombreuses pages. On les trouve du reste parfaitement relatés dans plusieurs histoires de l'Ordre.

Ils ne furent cependant pas seuls à combattre les corsaires ou pirates musulmans : la France ne pouvait rester indifférente vis-à-vis de leurs méfaits. En 1665, M. de Beaufort parvint à rencontrer, dans la rade de Tunis, une flotte algérienne, qui s'était mise à l'abri des forts de la Goulette; il l'attaqua néanmoins, la battit et lui coula plusieurs de ses navires.

Il y eut des galères en Flandre, mais on leur avait élevé considérablement les œuvres mortes.

Nous avons vu qu'il y en avait encore au Japon, il y a quelques années.

CHAPITRE IX

LES FLOTTEURS DE GUERRE

LES PATACHES

Comme bateaux appartenant à l'État, sans cependant entrer dans la catégorie spéciale des navires de guerre, sont les *Pataches des douanes*, qui sont destinées à surveiller les fleuves dans leurs parties navigables, les rades et les côtes, afin d'empêcher que la contrebande s'y fasse. Ce sont des douaniers qui les arment et, généralement, ce sont d'assez petits bateaux, suffisants pour les services qui leur incombent, lorsqu'ils ont affaire avec des fraudeurs qui tentent de passer sans être visités, ceux-ci sont en petit nombre et la Patache est bien suffisante pour en venir à bout. Si c'est à bord d'un grand navire qu'on découvre la fraude, l'influence morale de la loi donne assez de force aux douaniers pour qu'il n'y ait pas de résistance, lorsqu'ils saisissent les marchandises qu'on voulait introduire en fraude, c'est-à-dire sans payer de droits. Sucre, café, tabac, tissus, dentelles, etc. Il fut un temps où la contrebande se faisait sur une vaste échelle, aussi bien sur les côtes que sur les frontières, mais elle a beaucoup diminué aujourd'hui, par suite des facilités que l'on a octroyées pour l'entrée de toutes espèces de denrées et de marchandises. Cependant la surveillance continue et les Pataches de douane subsistent toujours.

Dans les ports de guerre, la Patache est un petit ponton qui sert de corps de garde à proximité du point où a lieu le débarquement habituel des embarcations appartenant aux navires en rade. On y dépose tout ce qui est destiné à ceux-ci comme objets destinés aux officiers et aux gens de l'équipage. Les hommes en bordée, que les gendarmes ont pris y sont amenés et logés dans des salles de police, *ad hoc*, jusqu'au moment où ils sont remis à un canot de leur bâtiment qui les y reconduit.

Autrefois les grands navires, qui ne pouvaient entrer dans un port en raison de leur grand tirant d'eau, se servaient pour alléger des navires à rames qu'on disait être « leurs Pataches ».

LES FELOUQUES, LES PARANCELLES
LES LOUGRES

Les premiers types du flotteur de guerre à présenter sont les *Felouques* et les *Parancelles,* puis les *Cotres*, *Cutters*, dont il a déjà été question. A proprement parler ce ne sont point des bâtiments de combat, ils servent surtout à la surveillance sur les côtes. Du reste, ils disparaissaient des rangs qu'ils occupaient dans le matériel naval de chaque État, à mesure que les navires à vapeur prenaient les places de ceux à voiles.

Le *Lougre* n'aurait pas dû avoir plus d'importance que le Côtre, cependant on le voit annexé à des véritables bâtiments de combat tels que les Frégates, et prendre part aux luttes qu'elles soutenaient. Très maniable, il pouvait, en certains moments, avoir une réelle influence sur le combat en intervenant à un moment opportun sur un point propice. Sous certaines allures, le Lougre de guerre était un bâtiment gracieux, coquet, et surtout bien marin d'aspect; il en était qui avaient une marche supérieure. Pendant les guerres du premier empire, beaucoup de corsaires de la Manche, des côtes de Bretagne et du golfe de Gascogne, se sont servis avantageusement de Lougres.

LES GOËLETTES ET LES BRICKS

Les *Goëlettes de guerre* étaient de fort jolis navires, finement construits, élégamment mâtés et voilés, mais d'échantillon trop faible pour pouvoir prêter le flanc aux batteries de gros calibres. En France, on en armait pour protéger la pêche à

Terre-Neuve et en Islande, pour servir de stationnaire dans nos colonies, se montrant sur tous les points affectés à leur circonscription, et particulièrement aux ordres des gouverneurs.

Il en était à peu près de même dans les autres marines. Les Portugais en avaient de très belles. Les Anglais se servaient de quelques-unes de leurs Goëlettes de guerre pour faire le service des dépêches, elles étaient employées comme courriers entre la métropole et les points où elle avait des intérêts. En prenant Alger, on prit en même temps, parmi les différents navires qui furent trouvés, de très jolies Goëlettes appartenant à l'État, qui les armait de temps en temps pour faire la chasse aux bâtiments chrétiens. Depuis le blocus elles étaient désarmées.

Nous avons donné sur les *Bricks*, qui viennent ensuite, des détails sur lesquels nous ne reviendrons plus ; nous ajouterons seulement que, dans les derniers temps de leur existence, comme navires de guerre, on avait en France quelque peu modifié leur construction, en donnant à leur batterie plus d'élévation au-dessus de l'eau, ce qui les rendait plus propres au combat et mieux en état de soutenir les chocs des lames, qu'ils embarquaient moins ; le Brick *le Pandour* peut être considéré comme le type du nouveau et dernier modèle. Du reste la marine militaire ne se servit de Bricks que pendant les deux derniers siècles. Nous avons dit que la *Prame*, gréée en Brick, était un bâtiment plat et large, destiné à porter une artillerie de gros calibre, des sortes de forteresses flottantes, pouvant se mouiller très près de terre et pouvant défendre les côtes, les rades, les ports.

LES CORVETTES

Nous passons aux *Corvettes*. Il y en avait dès 1744 que l'on appelait Corvettes sans gaillards. Mais c'est seulement dans notre siècle qu'on en fit de plusieurs types; les plus petites en France étaient les *Corvettes-Avisos*, ne différant guère des *Bricks-Avisos* qu'en ce qu'elles avaient sur leur arrière un mâterau portant la brigantine et une flèche ; leur armement était le même : dix canons ou Caronades.

Une Corvette de cette catégorie, construite par M. l'ingénieur Sané, était renommée en raison de sa grande marche pour l'époque ; lorsqu'elle avait besoin de quelque réparation, on craignait tellement de changer quelque chose à sa situation que chaque pièce de bois enlevée était pesée et remplacée par une autre pesant exactement le même poids. On dit que, se trouvant un jour avec une Corvette anglaise, les deux bâtiments louvoyant, elle fit plusieurs fois le tour de l'Anglais, ce qui humilia singulièrement ce dernier, qui, cependant, reconnut fort loyalement la supériorité de *la Diligente* dont le nom semblait l'avoir prédestinée.

Mais toutes les Corvettes de ce type ne marchaient pas aussi bien.

Il y avait aussi des *Corvetles à batterie barbette* de seize, vingt-deux et vingt-huit canons.

Une d'elles, *la Brillante*, commandée par le capitaine de frégate Régnard, se trouvait dans le Levant à l'époque où les affaires d'Orient avaient été sur le point de faire éclater la guerre entre la France et l'Angleterre ; les esprits étaient fortement surexcités et le moindre incident pouvait amener une rupture.

Un jour, sur la côte de Syrie, plusieurs navires de commerce de notre nation avaient été assez violemment visités par l'escadre anglaise commandée par l'amiral Napier. Rencontrant la corvette *la Brillante*, les capitaines français se plaignirent à son commandant de la vexation dont ils avaient été victimes et peut-être de quelques torts qu'on leur avait fait éprouver. Aussitôt le commandant Régnard fait route pour trouver l'amiral anglais ; il le rencontre au mouillage et vient s'embosser par son travers ; puis fait porter par un officier, un message exigeant une réparation de ce qu'il considérait comme une injure faite au pavillon français. Si l'amiral ne l'accordait pas immédiatement, il ouvrait son feu sur lui.

Le branle-bas de combat était fait à son bord et du vaisseau anglais on pouvait voir les hommes à leurs pièces.

L'incident était critique, surtout vu la situation

délicate qui agitait les deux nations. L'amiral Napier comprit que, s'il n'accordait pas la réparation demandée, le conflit s'engageait immédiatement, c'était mettre le feu aux poudres et la guerre s'en suivait. Il savait aussi que notre marine, en ce moment, était plus forte que celle de son pays ; que, s'il avait un plus grand nombre de bâtiments, ils étaient mal armés et avec des équipages bien loin d'être au complet ; que l'issue de la lutte serait certainement la perte de la flotte anglaise ; c'était la conviction qu'avait toute la marine française, et on comprend combien elle devait lui donner de confiance et la rendre encore plus forte. Il est probable que de telles considérations eurent de l'influence sur l'esprit de l'amiral Napier et que ce fut là la raison qui le détermina à donner immédiatement la satisfaction demandée. Mais la diplomatie se mêla de cette affaire et le commandant Regnard fut envoyé avec sa corvette, dans le golfe du Mexique.

Il avait retrouvé depuis quelques jours, au mouillage de Sacrificios, la corvette *la Sabine* qui commandait la station.

Un matin, quelques officiers de *la Brillante*, qui avaient été la veille à la chasse et avaient laissé leurs fusils à la Vera-Cruz, avaient envoyé un domestique les chercher par le canot qui allait à la provision, celui que les matelots désignent sous le nom de *poste aux choux*. Cet homme les rapportait à l'embarcation, lorsque, à la porte du Môle, il fut arrêté par le poste de soldats mexicains et ses fusils lui furent pris ; il paraît qu'alors l'exportation des armes était interdite. Tout confus, il vint raconter sa mésaventure au patron du canot, provençal à la tête chaude, qui s'enflamma de suite et qui, armant ses hommes d'avirons, courut au poste, bouscula les hommes de garde, reprit les fusils des officiers de *la Brillante* et les ramena en triomphe à l'embarcation amarrée à l'extrémité du Môle.

C'était à l'endroit même où, après la prise de Saint-Jean-d'Ulloa, les compagnies de débarquement qui étaient entrées dans Vera-Cruz s'étaient rembarquées, les troupes de Santa-Anna débouchaient par la porte qu'elles avaient rouverte. Un quartier-maître était resté seul à terre avec une caronade chargée amplement de mitraille ; au moment où, le général en tête, il vit les soldats en grand nombre se répandre sur le Môle, il fit feu, et se jetant à la nage, regagna une des embarcations battant en retraite. Le général Santa-Anna fut blessé et sa blessure nécessita l'amputation d'une jambe ; les troupes mitraillées s'arrêtèrent, il y eut parmi elles un moment de confusion, ce qui donna à la flotille le temps de s'éloigner ; elle reçut néanmoins quelques décharges de l'ennemi, revenu de sa surprise, et subit quelques pertes parmi les hommes qu'elle portait ; un élève de première classe entre autres fut tué auprès de l'amiral, dont le canot formait l'arrière-garde.

Revenons au commandant Régnard ; informé de

ce qui s'était passé, il considéra que la chose devait être prise comme une insulte faite aux bâtiments français et vint de suite porter plainte au commandant de la station qui consentit à traiter l'affaire avec le général commandant à Vera-Cruz. Mais bien que satisfait de ce qu'il y aurait une demande de réparation, il déclara néanmoins que jusqu'à ce qu'elle ait été donnée, il enverrait chaque matin son grand canot, armé en guerre, à la provision. Comme résultat, l'officier qui commandait le poste et les soldats qui le composaient payèrent les frais ; ils furent, après l'échange de quelques lettres, sous forme de dépêches, trop sévèrement punis.

Cependant, moi qui n'étais pour rien dans l'affaire, j'eus à subir des conséquences indirectes qui furent relativement plus dures que le châtiment des hommes de garde. Notre mouillage à Sacrificios était trop éloigné de la ville pour que les communications avec elle aient lieu plus d'une fois par jour, le matin. Or, quatre ou cinq jours après le chambardement du corps de garde, comme disaient nos matelots, vint une lettre du gouverneur de Vera-Cruz, au sujet de l'afffaire, nécessitant une prompte réponse.

Le commandant, m'ayant remis celle-ci afin que je la porte au gouvernement, me fit déposer à terre par le youyou sur la plage de la Grande Terre, vis-à-vis la Corvette ; je devais revenir au point où j'allais débarquer, et, aussitôt qu'on m'apercevrait, on me renverrait chercher. Je me rendis en ville à travers un fourré d'arbustes peu élevés, mais épais, au milieu duquel quelques arbres plus grands perçaient de loin en loin. Ce bois, si l'on peut l'appeler ainsi, était coupé de sentiers et s'étendait jusqu'à peu de distance d'une des portes de la ville, du côté de la Malibran. Je me dirigeai en conséquence et remplis ma mission, après quoi ayant garni mes poches de cigares, je repris le chemin de la plage.

J'étais, depuis une heure environ, engagé dans le bois, un peu comme le Chaperon Rouge, poursuivant de magnifiques papillons, ramassant des insectes merveilleux, tout cela si brillamment coloré qu'en les voyant on me pardonnerait les distractions que je prenais ; on me les pardonnerait aussi, si je dis que je n'avais guère que dix-huit ans et que j'étais déjà quelque peu naturaliste. Je courrais donc après de bien jolies bêtes, le chapeau en l'air pour les attraper, lorsque je perçus le son de pas, comme si quelqu'un courait derrière moi ; m'étant brusquement retourné, j'aperçus un petit Indien borgne, à deux pas de moi, un bâton levé prêt à me frapper. Je saisis ce bâton et le lui arrachai, puis je lui demandai ce qu'il voulait : « Oh nada senor, nada, nada, oh rien » (monsieur, rien, rien). Je lui signifiai de s'en retourner au plus vite d'où il venait, et me remis en route.

Mais après avoir fait encore cent pas environ, j'aperçus deux Indiens devant moi qui venaient à ma rencontre et je reconnus bientôt mon borgne. Le sentier était fort étroit et le hallier si épais qu'il n'était pas facile d'y pénétrer. Je n'avais qu'à poursuivre mon chemin et faire bonne contenance devant les deux hommes qui s'approchaient. Lorsque nous fûmes en présence, ils me barraient positivement le chemin ; je dus leur intimer l'ordre de me laisser passer : « Nous sommes de la douane, me dirent-ils, et nous devons voir ce qui se passe ; » mais avant que j'aie eu le temps de leur dire que je n'en croyais pas un mot, un troisième Indien qui s'était approché sans bruit par derrière, me saisissait par les épaules, en même temps le borgne me prenait par les jambes et j'étais rapidement étendu sur l'herbe du sentier. Je n'étais pas armé ; les trois Indiens, eux, portaient l'inséparable machete, longue lame de couteau-sabre passée sans fourreau, dans un anneau à la ceinture.

On peut bien imaginer qu'une fois couché sur le sol et maintenu par mes trois agresseurs, je crus ma dernière heure venue et je m'attendais à chaque seconde à les voir tirer de l'anneau le terrible machete dont les lames me renvoyaient à l'œil quelques scintillements du soleil. Il paraît qu'ils me jugèrent de trop peu d'importance, pour me prendre ma vie, ils se contentèrent de tout ce que j'avais et me mirent aussi nu que je l'étais lorsque je vins au monde. Ma colère était grande, mon impuissance bien davantage, et je ne pus m'empêcher d'épancher ma rage en injures, lorsqu'en me montrant les cigares qu'ils m'avaient pris avec tout le reste, ils me répétaient : « Nous sommes de la douane. » Enfin, ils me quittèrent et me voilà en homme primitif reprenant mon chemin, en cassant des branches feuillues pour m'abriter du soleil. Je reparus enguirlandé sur la plage, mais mon nouveau costume empêcha les longues-vues du bord de me reconnaître malgré les signes désespérés que je leur adressais.

Tout à coup, pendant que je faisais le télégraphe aérien le plus ingénieusement que je pouvais, j'entendis un bruit lourd grondant dans la direction du sud ; je prêtai attention, et tournant mes regards dans cette direction, j'aperçus à cent pas à peine, un troupeau de bœufs au galop qui arrivait sur moi avec une rapidité effrayante ; je n'avais pas le temps de traverser la plage pour gravir la dune, les conducteurs du troupeau avec leurs longues lances qu'ils agitaient poussaient des cris, pour m'avertir, sans doute.

Je n'avais qu'un parti à prendre pour ne pas être renversé, foulé et écrasé par ces lourds animaux, dont les beuglements se mêlaient aux voix de leurs conducteurs ; je sentais presque la vapeur qui s'échappait de leurs naseaux ; je fis une oblique, m'élançai dans la mer et m'éloignai le plus que je pus du rivage ; les bœufs n'essayèrent même pas de quitter la plage.

Cependant on finit, à bord de *la Sabine*, par s'inquiéter de la pantomime, que je ne cessais d'exécuter, furieuse par moments, en d'autres ayant quelque chose de suppliant, sans me rendre compte que ces nuances ne pouvaient avoir la moindre influence sur les yeux trop éloignés, saisissant à peine les gestes. Mais je m'exaspérais, ne comprenant pas pourquoi on ne venait pas me chercher, et comme le temps s'écoulait, le soleil descendait, pensais-je, la nuit viendra, que deviendrai-je, s'il me fallait la passer nu, ainsi que je l'étais, sur cette plage déserte.

Enfin, le bienheureux youyou reparut et j'éprouvai une joie intense lorsque je sentis la main du patron m'aidant à embarquer.

De retour à bord, je racontai l'aventure; le commandant fit armer le grand canot et je repartis avec vingt hommes armés pour fouiller le bois où j'avais été dévalisé. Mais, comme nous l'avions prévu d'avance, les trois Indiens pseudo-douaniers n'étaient pas demeurés tranquilles à nous attendre sur les lieux de leur exploit et nous en fûmes pour nos pas; c'était du reste plutôt comme acquit de conscience que nous avions cherché.

Une plainte fut adressée au gouverneur, mais elle n'eut pas plus d'effet que notre expédition dans le hallier. Je n'entendis jamais parler de mes effets ni de mes cigares.

La Corvette de trente-deux canons, *la Sabine*, était d'un type assez nouveau de Corvettes à batteries couvertes, devant porter des pièces de gros calibre ; on en construisit peu et l'une d'elles, *le Berceau,* disparut, pendant un cyclone quelque temps après être partie de la Réunion. Ce genre de bâtiment était appelé par les Anglais *Jackass-frigate.*

Il y eut aussi, en France, des *Corvettes de charge* et plus anciennement des *Flûtes,* qui étaient destinées à porter du matériel dans nos colonies, puis des *Gabarres,* bâtiments spécialement construits pour la charge qui avaient une batterie couverte non destinée à être armée, mais à recevoir des troupes passagères qu'on envoyait au Sénégal, aux Antilles, à la Guyane, dans l'Inde et ailleurs, on en affecta un certain nombre au service de l'armée pour l'Algérie, c'étaient des navires lourds, marchant peu.

En dernier lieu plusieurs de ces Gabarres furent emménagées pour servir d'*hôpitaux flottants* dans quelques localités où on jugeait l'air en rade plus sain qu'il n'était à terre.

Les Anglais sous le nom de *Troop Ships* avaient des Gabarres faisant le même service que les nôtres, ils affectèrent même parfois des vaisseaux de la compagnie des Indes au transport des troupes et du matériel d'approvisionnement pour leurs colonies d'Asie, d'Amérique et d'Océanie.

A la fin du dernier siècle, la République avait donné à une Corvette le singulier nom de *la Brûle-Gueule.*

Il y a quelques années, on voyait encore au

Japon des Corvettes, restes des bâtiments de guerre qu'avaient construits dans ce pays des ingénieurs que Louis XVI y avait envoyés en mission. Sous Louis XV et Louis XVI, le gouvernement français s'était activement occupé d'établir des relations avec les peuples de l'extrême Orient. Et ce n'était pas seulement au Japon que l'on voulait établir notre influence, mais dans toutes les mers des Indes, de Chine, etc.

On sait que M. de Forbin avait été envoyé à Siam, pour traiter avec le roi de ce pays ; ce que l'on ne sait peut-être pas, c'est que le succès de la mission dépendit d'une aventure assez plaisante. Lors de la première audience qu'eut M. de Forbin, le roi lui remit une petite boîte, toute enrichie de diamants et de pierres précieuses, qu'il examina avec admiration et croyant que c'était un présent qui lui était offert après avoir remercié le roi, il la mettait tout bonnement dans sa poche. Mais le souverain fit signe que ce n'était pas cela, et tendant la main reprit la boîte, l'ouvrit et montra à l'ambassadeur une assez jolie chenille. « Belle bête », fit M. de Forbin, en faisant mine d'admirer. Cependant ce n'était pas encore cela, le roi reprit une seconde fois la boîte, et saisissant délicatement la chenille entre deux doigts la porta à sa bouche et d'un coup de dent la coupa en deux et en savoura la moitié, puis il tendit l'autre au marin français, qui en bon diplomate ne sourcilla pas et avala l'autre moitié de la bête en exprimant la satisfaction qu'il éprouvait d'avoir été ainsi régalé. Il est à peu près certain que ce fut à ces préliminaires si bien menés que fut dû le succès de la mission.

LES FRÉGATES

La *Frégate* est en réalité un véritable bâtiment de combat, pouvant entrer en ligne et bien capable de faire sentir qu'elle est déjà une force. Nous avons vu que les Frégates primitives étaient de très petits navires à rames ; elles prirent d'autres dimensions et d'autres formes, lorsqu'on les arma de canons. Elles en portèrent peu d'abord, puis elles finirent par en avoir pas mal. Les Frégates de notre époque étaient de 44 bouches à feu, de 50, de 52 et de 60. Ces dernières étaient de magnifiques bâtiments, et *l'Uranie* fut un type vraiment remarquable.

Il y eut parmi les frégates françaises quelques-unes, dont les noms se conservent, elles concoururent à porter haut la gloire de notre marine : la *Belle-Poule* d'abord dont le combat fut si brillant, la *Surveillante*, la *Preneuse*, la *Vénus*, la *Bellone* et la *Minerve* au combat du Grand Port à l'Ile-de-France, la *Sirène* à Navarin, l'*Herminie* à Saint-Jean d'Ulloa, la *Belle-Poule* encore, à Tanger et à Mogador ; la mémoire nous fait défaut ; on pourrait en citer encore bien d'autres.

Le nom de *la Surveillante* nous rappelle un

épisode de la station que fit cette Frégate dans les mers du Sud, vers 1823. La chose nous fut racontée par maître Franco, notre maître de manœuvre à bord du vaisseau École, et qui à l'époque en question était déjà maître de manœuvre à bord de *la Surveillante*.

Cette Frégate avait parmi son équipage un assez grand nombre d'hommes provenant du recrutement et qui par suite n'étaient guère marins et en effet on les appelait des *apprentis-marins*. On les exerçait le plus que l'on pouvait, et comme il est de règle sur les bâtiments de l'État de prendre tous les soirs le ris de chasse, au lieu de faire cette manœuvre aux trois huniers à la fois, on le faisait prendre séparément comme exercice, par les apprentis marins les faisant monter alternativement sur le perroquet de fougue, sur le grand hunier, et enfin sur le petit hunier. Cela se passe d'ordinaire à peu près au coucher du soleil.

A ce moment, un Brick pirate apercevait la Frégate mais ne pouvait plus guère bien distinguer ce qu'elle était, l'éloignement et la teinte sombre du ciel, sur lequel elle ne se détachait guère, gênant sa vue. Ce qu'il put remarquer cependant ce fut sa manœuvre, le ris de chasse pris aux trois huniers séparément, il en conclut qu'il avait à sa portée un grand bâtiment de commerce, dont l'équipage était faible et dont il aurait facilement raison. En conséquence, il s'approche, et, au milieu de la nuit, envoie sa bordée sur la Frégate, qui ne s'inquiétait nullement du bâtiment qu'elle avait bien vu se rapprocher d'elle ; on supposait à bord que c'était le hasard de la route suivie qui l'avait amené là où il se trouvait et l'étonnement fut grand, quand après la détonation quelques boulets arrivèrent à bord. Mais, le branle-bas fut bientôt fait et celui de combat à sa suite aussi promptement exécuté; les sabords ouverts, la batterie parut toute illuminée par les fanaux de combat. Le pirate comprit alors qu'il s'était trompé et qu'il était venu s'attaquer à plus fort que lui, il manœuvra avec célérité pour s'éloigner, ce qu'il parvint à faire non sans avoir reçu du fer envoyé par *la Surveillante*. Les bordées qu'elle lui adressa dans l'obscurité ne purent avoir l'effet qu'elles auraient eu en plein jour, et comme elle ne marchait pas aussi bien que lui, il put s'échapper.

On peut se figurer facilement la surprise que produisirent les coups de canons du pirate en pleine nuit, alors que, n'étant en guerre avec aucune nation, *la Surveillante* se trouvait attaquée d'une façon aussi surprenante, mais, une fois le calme rétabli à bord, on s'expliqua fort bien la méprise du pirate et à quelle cause on pouvait l'attribuer.

Nous eûmes quelques Frégates malheureuses, au commencement de la Restauration.

La *Méduse* mal commandée par un officier inexpérimenté, envoyée au Sénégal avec un grand nombre de passagers, se perdit sur le banc d'Arguin, c'est-à-dire qu'elle vint s'échouer sur un point de ce banc, d'où elle ne put se tirer. On sait combien furent cruelles les souffrances endurées par les malheureux, réfugiés sur le radeau que l'on construisit à bord, et l'on ne s'explique pas comment à quelques lieues seulement de la côte, il demeura si longtemps errant sans l'atteindre, et sans être découvert par le brick l'*Argus,* qui avait été envoyé à sa recherche, et qui mit tant de temps à le trouver; le nom qu'il portait ne lui avait pas été propice.

Ce fut à peu près dans ces mêmes lieux que la frégate à vapeur *le Caraïbe,* vint se jeter non sur le banc, mais à la côte, à quelques milles au nord de Saint-Louis et y demeura.

Pendant la guerre de Crimée, la frégate *la Sémillante* fut chargée de troupes pour remplir des vides devant Sébastopol; elle partit de Toulon fort pressée, fort encombrée, avec mauvaise apparence de temps. On sut, parce qu'elle fut vue de Corse et de Sardaigne, qu'elle donna par un coup de vent dans les bouches de Bonifacio, où elle se perdit, selon toute apparence, soit par la force du vent et de la mer, soit en se brisant sur un rocher, et ils sont nombreux ceux qui sont disséminés assez au large de la côte, dans le passage.

L'application de la vapeur à la propulsion des flotteurs amena naturellement l'emploi de ce moteur à la marine de guerre, on construisit des *corvettes à vapeur* et des *frégates,* à la suite des bateaux à roues de dimensions restreintes qui furent rangés parmi les avisos. Mais l'espace considérable qu'il fallait réserver à la machine réduisait considérablement celui qu'on pouvait consacrer à l'artillerie ; les *frégates à roues,* malgré leurs deux batteries couvertes l'une sur l'avant de la machine, l'autre sur l'arrière étaient moins armées que la plus petite des frégates à voiles. Lorsque l'hélice fut substituée aux roues à aubes, on comprit de suite quel admirable type de combat on pouvait obtenir en allongeant la frégate, et en lui octroyant une machine à l'aide de laquelle voiles et hélices de concert pouvaient imprimer une plus grande vitesse au grand flotteur, ce fut d'abord une machine considérée comme simplement auxiliaire dont on se servit, puis peu à peu on en augmenta la force et elles finirent à elles seules, par produire le nécessaire pour obtenir de grandes vitesses, même sans emploi des voiles. C'étaient alors de bien beaux navires. que ces grandes frégates, allongées sur l'eau en même temps que bien assises, présentant comme force cette longue rangée de canons, des dents toujours prêtes à mordre.

LES VAISSEAUX DE GUERRE

Le *Vaisseau* était un bâtiment de combat ayant au moins deux batteries couvertes, on peut le considérer comme d'un usage remontant jusqu'aux *Caraques,* dont quelques-unes devinrent de véritables *vaisseaux.*

A leur origine, ils ne furent pas très heureux, la *Cordelière*, que commandait Primauguet, fut incendiée par un artifice, mais l'illustre marin manœuvra assez habilement pour aller aborder le bâtiment ennemi, qui portait le pavillon de l'amiral Howard, et lui communiquer le feu qui le consumait ; ils sautèrent l'un et l'autre.

Le *Great Harry* qui avait été construit par l'ordre de Henri VIII, et qui était armé d'au moins cent vingt canons, incendié à Woolwich, ne put être sauvé.

Au Havre, la *Grande Nau*, construite sans tenir compte du tirant d'eau qu'elle aurait, ne put, une fois lancée, sortir du port, demeurant échouée au point qu'elle n'avait pu franchir. Dans un grain violent, venant du large elle fut tellement chargée par le vent qu'elle s'inclina et que l'eau embarqua par ses sabords; on ne put la relever et il fallut la démolir.

Le *Caraquon Caraque* ou vaisseau amiral de la flotte de l'amiral d'Annebaut — c'était bien en effet des vaisseaux que toutes ces grandes caraques — périt lui aussi dans les flammes. François Ier, devait prendre part à un grand repas, que l'amiral donnait à bord du *Caraquon*, un cuisinier maladroit l'incendia, on eut à peine le temps de sauver ce qu'il y avait de précieux à bord; il sauta.

En 1637, les Anglais font faire un progrès dans la construction des vaisseaux en produisant

le *Sovereign of the sea* « le Souverain des mers »,
ayant trois batteries et de bonnes qualités nautiques.

Les Danois et les Suédois eurent vers la même
époque des types remarquables pour leur temps.

En France, sous Louis XIII, la *Couronne* montre
une grande supériorité comme qualités sur tout ce
que l'on avait fait jusqu'alors, et les progrès se réalisent si rapidement que, sous Louis XIV, les Hollandais qui étaient devenus les plus habiles constructeurs du monde, purent aussi bien que les
Anglais et les Français, armer des flottes de vaisseaux qui prirent une grande part à toutes les
guerres de ce siècle.

Les Malouins armèrent de leurs deniers plusieurs
vaisseaux pour renforcer la flotte de leur compa-
triote Duguay-Trouin, avec laquelle il s'empara de
Rio-Janeiro.

Sous Louis XVI, nos vaisseaux livrèrent de bril-
lants combats aux Anglais.

Dans l'Inde, le bailli de Sufren se distingua grandement.

Aux Antilles, l'amiral d'Estaing fut victorieux à
la bataille de La Grenade. Mon grand-père, em-
barqué sur un des vaisseaux de l'escadre, y prit
part avec un détachement du régiment d'Auxerrois
qu'il commandait, ce régiment se trouvait alors en
garnison à la Martinique. Il nous a souvent parlé
de cette bataille et de la joie qu'éprouva la population de l'île en apprenant cette victoire.

Les nègres ne manquèrent pas de la célébrer par une de ces naïves chansons qu'ils improvisent si facilement, à propos des incidents qui frappent leur imagination. Peut-être cette chanson est-elle actuellement perdue, en la reproduisant nous en conserverons le souvenir et en même temps nous populariserons celui d'un fait glorieux pour notre marine.

La voici en langage créole, quelque peu enfantin :

> Moussu d'Estaing, à La Guenade,
> Goumait avé compé Byon
> Li baillé li cétain salade
> Qui senti la poude à canon
> Li qu'a fait li dansé ioun danse,
> Moi coi c'était li igodon,
> Li baille li baille, li baille Byon
> Jusqu'à Byon pède la cadence
> Jusqu'à Byon couï maon [1].

Nous ne pouvons citer ici tous les beaux combats que livrèrent les vaisseaux français, soit en

---

[1] Elle nécessite une traduction.

Monsieur d'Estaing, à La Grenade (les R ne se prononcent pas en créole), groumait (se querellait) avec compère Byron (l'amiral qui commandait la flotte anglaise), il lui a donné certaine salade qui sentait la poudre à canon, il lui a fait danser une danse, moi je crois que c'était le rigodon, il en donne, il en donne à Byron, jusqu'à ce que Byron perde la cadence, jusqu'à ce que Byron court maron. (Courir maron se dit des nègres qui s'échappent de chez leurs maîtres pour s'enfuir dans les mornes où on ne peut guère les rattraper, alors on les dit marons.)

escadre, soit séparément ; nous dirons seulement quelques mots au sujet de l'événement qui décida définitivement de l'expédition d'Alger sous Charles X.

Le vaisseau *la Provence*, commandé par M. de la Bretonnière, avait été envoyé en parlementaire pour porter un ultimatum au dey d'Alger. Après avoir accompli sa mission, *la Provence* se retirait, lorsqu'en passant sous les forts elle fut canonnée par les Algériens, outrageant odieusement le droit des gens.

Ce type, expression du navire de combat, le plus puissant de tous, se perfectionna de plus en plus et devint un admirable spécimen de la force navale, lorsque les coques de plus en plus allongées reçurent, comme les frégates, des machines mettant en action l'hélice, ce moteur remarquable. L'un des derniers de cette catégorie, le plus beau, inspirait les vers suivants à un poète breton :

> Vaisseau *la Bretagne*, il faudra rester
> La dernière au feu — dernière ou sauter !
> Et ta pauvre mère à ton front sanglant
> Mettra son baiser funèbre et brûlant.
> Et d'autres Bretons, vivants et vengeurs,
> Prenant tes débris aux flots voyageurs
> Jureront sur eux, pour l'honneur d'Arvor,
> Au lieu d'amener, de sauter encor.

Comme on peut en juger par ce qui vient d'être dit, le *vaisseau* était bien le flotteur de combat le plus puissant, le plus complet et le mieux armé pour entrer en ligne contre l'ennemi, aussi l'appelait-on chez nous *Vaisseau de ligne ;* les Anglais le nommaient *Man of war*, homme de guerre, c'est-à-dire fait pour la guerre. C'était en effet le navire par excellence pour son époque, fort par sa masse composée d'énormes pièces de bois bien choisi, solidement reliées les unes aux autres, formant un

FIG. 130. — Vaisseau à deux ponts.

ensemble, un tout, presque un bloc, comme s'il avait été taillé dans un seul morceau de bois, le vaisseau était vraiment le plus redoutable des flotteurs.

Il y avait des vaisseaux de 74 canons, de 80, de 90 et de 100 canons, qu'on disait *vaisseau à deux ponts* (fig. 130). Ils avaient deux batteries couvertes, la batterie basse, armée de canons de 36 et d'obusiers de 80, la batterie haute de 24 et celle des gaillards avec des canons de 18 et des caronades de 30.

Les *vaisseaux à trois ponts* portaient 110 et 120 canons en trois batteries couvertes et celle des gaillards, quatre rangées de canons superposées les unes au-dessus des autres. C'était un majestueux et imposant spectacle que celui que présentaient à l'œil ces masses gigantesques de bois et de fer surmontées d'une mâture dont l'élévation était proportionnée, lorsqu'on les considérait d'une embarcation le long de leur bord, bien autre chose quand de tous leurs sabords leurs canons jetaient des flammes.

Cependant, dans quelques cas, ils paraissent ne guère posséder de ces qualités et on a peine à s'expliquer comment il y eut des circonstances où ils ne furent pas à la hauteur de leur valeur.

A la fin du dernier siècle, une escadre de plusieurs vaisseaux hollandais, prise dans les glaces du Texel, fut attaquée par de la cavalerie et de l'artillerie, que Pichegru avait envoyées à cet effet et elle fut prise. On ne peut guère expliquer le fait que par la surprise que durent éprouver les marins de cette escadre en voyant fondre sur eux des escadrons galopant sur la glace. Et par une confiance absolue, donnée par la conviction qu'ils étaient imprenables dans les conditions où ils se trouvaient, ce qui fit qu'ils ne prirent pas toutes les mesures nécessaires pour une bonne défense. Ils ne comptaient pas non plus sur cette impétuosité française qui, dans l'abordage, a toujours donné une grande supériorité à nos matelots bien commandés.

Avant de passer aux nouveaux bâtiments de combat, il nous reste à parler d'un navire particulier, construit d'une façon spéciale, la *Galiotte à bombe*, destinée à porter des mortiers pour bombarder les villes maritimes. Elles furent imaginées sous Louis XIV, par un officier, Petit-Renaud, et servirent au bombardement de Gênes et d'Alger. On n'en usa guère ensuite et on les retrouve seulement à Saint-Jean-d'Ulloa où on en avait envoyé deux. C'étaient des bâtiments plats, peu allongés, ayant dans leur milieu des plateformes tournantes, solidement établies sur un massif en charpente qui descendait jusque sur le fond; elles portaient trois mâts et avaient une certaine apparence de corvettes.

CHAPITRE X

LES FLOTTEURS A VAPEUR

En se servant de la force que peut donner la vapeur d'eau pour l'appliquer à la propulsion des corps flottants, on devait nécessairement renverser tout ce qui existait en marine, mais la révolution qui aurait pu être tout à coup complète ne produisit que des effets successifs, dont le dernier mot n'est peut-être pas encore dit.

On n'est pas bien fixé sur l'époque exacte où eurent lieu les premiers essais de cette application. On cite un Espagnol, Blasco de Garay, en 1543, Papin, en 1707, Wayringe, en 1738, Hulls, en 1752. En 1770, le marquis de Jouffroy appliqua la machine de Watt à un bateau, qui fut essayé sur la Saône, et c'est lui que l'on regarde comme l'inventeur de la navigation à vapeur. Aux États-Unis et en Angleterre, le succès de Jouffroy excitait les imaginations et nombre d'esprits sérieux se mirent à travailler avec ardeur pour résoudre définitivement un problème aussi intéressant.

Fulton, en 1802, y arriva. Il avait étudié, en France, les conditions de la question. Ce fut sur la Seine qu'il obtint, avec un bateau construit *ad hoc*, une vitesse de trois nœuds. Les propositions qu'il fit au gouvernement français n'ayant pas été favorablement reçues, il retourna en Amérique, où il établit un service à vapeur entre New-York et Albany.

LES PAQUEBOTS

Ce furent d'abord des roues à aubes qui servirent à imprimer la vitesse aux flotteurs et malgré leurs défauts elles furent seules employées. Ce mode du reste, n'était pas nouveau et on l'avait essayé maintes fois en produisant le mouvement à bras d'hommes. Mais ce système de pales articulées ou non n'imprimait pas ordinairement de bien grandes vitesses. Cependant, les grands paquebots des Messageries maritimes avaient fini par atteindre des marches supérieures.

Nous avons même vu un navire à aubes de la marine royale anglaise, le *Lively*, qui filait 16 nœuds.

Pendant la guerre que les Carlistes soutinrent dans les provinces basques du nord de l'Espagne, l'ambassadeur anglais à Madrid, M. Layard, ayant eu bien des difficultés pour traverser les pays où l'on guerroyait, demanda qu'on lui envoyât un bateau à vapeur à Bayonne, pour qu'à son retour il pût avec lui gagner Santander. Mais l'amirauté prétendit que Bayonne n'était pas un port en état de recevoir un navire de guerre. M. Layard insista, écrivit au consul de cette ville, M. Graham, lequel vint me trouver — je commandais alors le port en question — je lui remis un rapport sur sa situation et sur celle de la barre. L'amirauté fit encore des objections. Mais une seconde et troisième note, que je remis à M. Graham, finirent par lever toutes les difficultés et par réhabiliter le port de Bayonne. On envoya le *Lively* aux ordres de M. Layard qui me sut fort bon gré de mon intervention et qui me le témoigna depuis bien des fois. Les chemins se trouvèrent donc ouverts grâce à ma prose, et le *Lively*, qui fut attaché comme stationnaire sur la côte nord d'Espagne, revint souvent dans notre port, ce qui fut la démonstration la plus claire qu'il n'était pas aussi mauvais qu'on le disait.

En France, l'administration des postes eut une flotte de bateaux à aubes, qui desservaient toutes les côtes d'Italie, de Grèce, de l'Archipel, de Syrie, d'Anatolie et de Turquie jusqu'à Constantinople. Ils marchaient bien pour l'époque et leur service était très régulier. C'était la marine militaire qui faisait la poste de l'Algérie.

Après l'administration des postes, ce fut la Compagnie des Messageries impériales, puis maritimes, et transatlantique qui, moyennant des subventions de l'Etat, firent le service des dépêches en l'étendant aux mers d'Asie, d'Amérique et d'Océanie. Ces

Compagnies devenues riches, eurent bientôt de très importants chantiers où furent construits de magnifiques navires d'une grande puissance et d'une marche supérieure, les emménagements intérieurs pour les passagers sont tout ce que l'on peut voir de plus luxueux et c'est certainement sur ces paquebots qu'ils trouvent le confortable le plus complet comme logement, nourriture, distractions. Les autres Compagnies leur sont bien inférieures. Le *Brésil*, un des derniers types de ces paquebots, est vraiment un modèle d'architecture navale, aussi bien que de luxe au dedans.

Les Américains, les Anglais, les Allemands, les Espagnols ont également des paquebots desservant de grandes lignes; les autres pays ont aussi les leurs, pour le service de communication entre leurs ports et quelques-uns de ceux qui les avoisinent.

LES TRANSPORTS

On peut mettre en parallèle avec les paquebots les *Transports*, qu'on a construits en France pour remplacer les gabarres. Ce fut pendant la guerre de Crimée que le siège de Sébastopol, nécessitant d'incessants envois de troupes et de matériel, la marine mit rapidement à l'eau un nouveau type de bâtiment, qui, mû par la voile et la vapeur, pouvait, en raison de ses dimensions, porter des troupes, des chevaux, du matériel. Ils furent nommés *Transports* (fig. 131), et aujourd'hui leurs proportions ont beaucoup augmenté ainsi que leur vitesse. Il en est qui sont aménagés comme hôpitaux et c'est sur ceux-là qu'on ramène en France les malades que le climat de l'Extrême-Orient a mis hors d'état d'y continuer leurs services. Mais ce n'est plus la roue à aubes qui est le moteur du bateau, ou plutôt du navire à vapeur;

FIG. 131. — Transport en 1860.

depuis une vingtaine d'années ce mode de propulsion a presque complètement disparu, ou du moins ne sert plus que dans des cas particuliers. Les grands bâtiments sont tous mûs par l'hélice, dont nous n'avons rien à dire, tout le monde la connaît. Il est certain que son action est de beaucoup supérieure à celle des aubes et on obtient avec elle des vitesses, qu'on aurait jugées absolument impossibles, il y a cinquante ans.

Nous avons vu cette transformation de la marine et, si nous nous inclinons volontiers devant les avantages si considérables que la vapeur a apportés comme rapidité dans la marche, comme diminution de temps des traversées et aussi comme augmentation des capacités, le tonnage sur chaque navire s'étant considérablement accru, nous regrettons tout aussi sincèrement l'élégance des formes de certains bâtiments, le pittoresque effet qu'ils produisaient sous certaines allures, enfin et surtout l'apprentissage, car sur un bateau à vapeur on ne fait pas de marins.

Elle se perd cette spécialité qu'on disait *les gens de mer*, dont la physionomie, les mœurs, les habitudes n'étaient pas celles de tout le monde, mais que tout le monde estimait, honorait même sans la connaître ; tant elle avait donné des preuves de ses grandes qualités, de son intrépidité, de son sang-froid, de son humeur et par dessus tout de son amour de la mer. Il faut, pour devenir marin, lutter avec la tempête, apprendre les habiles manœuvres de voiles que nécessitent les sautes de vent, les grains qui tombent sur le navire sans s'annoncer, les coups de mer, dont il faut atténuer les violences, se relever d'une côte dangereuse sur laquelle les courants et le vent vous poussent, s'ingénier à trouver des ressources pour affronter mille péripéties qui se présentent inopinément et que l'esprit du marin peut déjouer, parce qu'il s'y habitue en les trouvant trop souvent dans sa vie accidentée.

Ce n'est pas sur un bâtiment à vapeur que ces qualités peuvent s'acquérir.

Sur un bateau à vapeur le marin ne peut même pas devenir bon timonier : il apprendra sûrement à gouverner, mais, s'il se trouvait tout à coup sur un navire à voiles en cape, il ne saura pas, par un coup de barre approprié, éviter le choc d'une lame sans gêner la voilure, juger s'il doit la mollir et quand il devra la redresser, et combien d'autres choses encore qui, ne lui étant pas familières, ne seront pas à sa portée.

LES CHALOUPES A VAPEUR

L'emploi de la vapeur comme agent de locomotion s'est largement étendu. Dans ces dernières années, on est arrivé à faire de très petites machines, qu'on a d'abord appliquées à d'assez grandes embarcations et l'on a eu ainsi ce que l'on a appelé des *Chaloupes à vapeur*. Actuellement, il y a aussi des *Canots à vapeur* et même d'assez petits.

Pendant la guerre de 1870, alors que les Prussiens avaient investi Paris, je proposai vainement au gouvernement, à Tours, un moyen fort simple de rétablir les communications avec la capitale, et de se servir pour cela d'un élément contre lequel l'ennemi, n'étant pas préparé, ne pourrait efficacement résister. Il s'agissait de couvrir nos grands cours d'eau, et particulièrement la Seine, de bateaux armés, en utilisant d'abord tous les chalands, péniches, etc., naviguant d'habitude sur les fleuves et canaux de toute la France, ce qui aurait fait un assez joli nombre de ces canonnières de circonstance. Il fallait, en effet, nous considérer comme étant alors dans la position de naufragés qui doivent avoir recours à tous les moyens de sauvetage qui peuvent s'offrir à l'esprit et, celui-ci eût produit, nous en sommes convaincu, d'excellents résultats. Quant au moyen d'obtenir cette flottille de combat, il était on ne peut plus simple, il suffisait d'établir sur chaque chaland une des locomotives que l'occupation du territoire avait rendues inutiles, et de lui faire actionner une hélice. Un de mes amis, un des ingénieurs les plus expérimentés et les plus érudits des constructions navales, avait calculé que les bateaux ainsi pourvus de locomotives pouvaient facilement filer huit nœuds. On pouvait les armer d'un ou deux canons de fort calibre, y ajouter des mitrailleuses, et enfin les blinder au moyen de rails, faute de plaques de tôle, si celles-ci venaient à manquer. Chaque bateau aurait pu recevoir, indépendamment de son équipage, deux ou trois compagnies d'infanterie, de la cavalerie au besoin, le séjour à bord ne pouvant être que de quelques heures, et l'on aurait eu ainsi un très puissant élément de combat. Ce fut l'avis de M. Thiers, lorsque je lui soumis le projet espérant qu'il pourrait l'appuyer, mais il n'hésita pas à me déclarer qu'on ne l'écoutait pas.

Repoussé par des réponses évasives, des atermoiements, un parti pris de ne rien accepter de ce qui pourrait nuire aux plans de Gambetta, je dus renoncer à faire adopter ce qui pouvait être le salut du pays.

Nous ne devons pas oublier un type assez original de bateau de combat dû à un amiral russe, l'amiral Popoff et qui reçut le nom de *Popowska*. Comme forme, une hémisphère. Ce bateau était pourvu de plusieurs hélices au moyen desquelles il manœuvrait facilement. Il portait des canons de fort calibre, il y en a encore en service comme garde-côtes.

CHAPITRE XI

LES CUIRASSÉS ET LES TORPILLEURS

Pendant la guerre de Crimée, certaines forteresses russes n'étaient attaquables que par des bâtiments d'un faible tirant d'eau et comme ceux-ci ne pouvaient, par cette raison, être en état de résister aux canons des places qu'il s'agissait de prendre, on imagina d'en construire de spéciaux. On pensa à les revêtir d'une armure en fer, sur laquelle les boulets n'auraient pas d'action, ce furent les *batteries flottantes*, navires sans marche, sans qualités nautiques, mais qui, remorqués jusqu'au point d'attaque, devaient remplir le but qu'on avait en vue. Elles le remplirent en effet avec succès.

Dès lors, on eut la pensée d'appliquer l'armure aux navires de combat. On dit que ce fut l'empereur Napoléon III qui émit l'idée, et ce fut l'habile ingénieur Dupuy de Lôme qui fut chargé de la mettre en pratique. La marine de guerre se transforma, il y eut une infinité de types qui apparurent, on leur donna le nom de *Cuirassés*. Ils furent, la plupart du moins, pourvus d'éperons formidables dont le choc devait ouvrir les flancs du bâtiment, sur lequel l'arme offensive nouvelle venait frapper avec toute la vitesse dont était susceptible le cuirassé, lancé pour couler son adversaire. Dans le principe, en effet, les boulets ne pouvaient plus être efficaces contre les cuirasses. Il fallait bien trouver le moyen de rendre celles-ci vulnérables, on eut recours à l'éperon, dont l'effet doit évidemment être désastreux.

La preuve des résultats terribles de chocs semblables est démontrée par ce qui se passa à la bataille navale de Lissa : un navire autrichien en bois, abordant par son travers avec toute sa vitesse un cuirassé italien, le coula.

Le canon semblait donc avoir fait son temps, mais voilà qu'on en fit qui lançaient des projectiles d'une nouvelle forme, et les cuirasses furent percées.

Dès lors, lutte entre la cuirasse et le canon, les cuirasses augmentèrent d'épaisseur et il faut ici rendre un éclatant hommage à la science de nos ingénieurs qui arrivèrent à revêtir les navires construits *ad hoc* de plaques d'acier, dont l'épaisseur était de 40 et 50 centimètres. Si l'on songe au poids énorme qu'une pareille armure pèse, bien qu'elle ne revête pas toute la coque, on s'étonnera qu'on soit arrivé à l'appliquer à un *flotteur* sans lui faire perdre cette qualité. Cependant le canon ne s'avouait pas vaincu ; il progressa, il y en eut bientôt dont le poids atteignait cent tonnes, et dont les projectiles produisaient de terribles effets, sans cependant qu'il soit possible de décider quels seraient les résultats d'un combat au canon entre cuirassés.

En conséquence on a cherché une autre arme, et on s'est arrêté aux torpilles, qui, lancées par des bâtiments spéciaux, les *Torpilleurs*, devaient produire des ruptures considérables dans les carènes en éclatant sous l'eau et atteignant quelques parties des œuvres vives. Il y a déjà des Torpilleurs de plusieurs catégories ; mais le dernier mot n'est pas dit à leur sujet, il est probable qu'on en verra d'autres. Comme première condition, ce genre de flotteur doit avoir une très grande vitesse, quelque chose approchant de vingt-cinq nœuds ; il faut, en effet, qu'il approche de l'ennemi avec une rapidité qui lui donne quelque chance d'échapper à ses coups et, pour cela, il faut qu'il puisse se maintenir dans une position qui le mette à peu près à l'abri, tout en lui permettant d'accoster avec impétuosité. Le coup porté, il faut aussi qu'il ait quelques chances d'échapper, si la catastrophe qui doit en résulter a lieu, il se produira à bord du bâtiment torpillé une certaine confusion, car le péril sera grand, surtout si quelques autres torpilleurs parviennent aussi à lancer une seconde, une troisième torpille. Dans ces cas, l'attaquant pourra sans doute échapper, mais s'il n'a pas produit d'effet, ce n'est que grâce à la rapidité avec laquelle il s'éloignera qu'il pourra s'en tirer.

En résumé, tout ce qui regarde ce genre d'attaquants n'est que théorique, on n'a pas encore eu l'occasion de pratiquer et de s'assurer jusqu'à quel point cette arme nouvelle sera efficace. En attendant, ainsi qu'on devait le prévoir on a cherché le moyen de se garantir des torpilleurs et on a pour cela imaginé d'entourer les navires de filets métalliques dont les mailles doivent arrêter les torpilles qui éclateraient avant d'atteindre les carènes.

Mais cette défense serait-elle bien efficace et ne se trouverait-il pas des circonstances où elle serait insuffisante, il fallait donc trouver autre chose qu'un appareil de défense, c'est pourquoi les *contre torpilleurs* furent construits.

Pendant la guerre de sécession, les Américains ont construit divers types de cuirassés dont quelques-uns, très ras sur l'eau, ne présentaient que des surfaces très restreintes aux coups de l'ennemi. Cependant ils n'eurent guère de succès, ils montrèrent de si nombreux inconvénients à la mer qu'on ne s'y arrêta pas. Les Américains eurent cependant la chance de nous en céder un, le *Rochambeau*, qui d'apparence était un formidable engin de guerre, mais dont on ne put jamais rien faire de bon. Il est bien singulier qu'une pareille acquisition ait été faite, on ne se l'est jamais bien expliqué.

En résumé, tout cela n'est plus guère de la marine, on en a fait disparaître tout le pittoresque sans qu'il soit possible d'être certain que l'on a bien fait. Que sera une grande bataille navale? on ne peut guère le dire. On peut cependant préjuger qu'il y aura avantage en faveur de la vitesse et si l'électricité, comme moteur, remplaçant la vapeur, donnait plus de rapidité aux flotteurs il y aurait de nouvelles perspectives à envisager.

Mais avant tout, il faut que l'électricité fasse encore bien des progrès pour en venir à son application à la marche des batiments de combat.

CHAPITRE XII

LES FLOTTEURS DE PLAISANCE

On ferait mieux de dire *bateaux de plaisirs*, le
mot *plaisance* ne nous semble pas bien approprié,
tandis que nous voyons parfaitement que le bateau
dont il s'agit est destiné à procurer à son propriétaire tous les plaisirs, qui peuvent résulter de la navigation qu'il est susceptible de faire, promenades,
voyages, courses, pêche, *far niente* après le travail.

Les *Yachts*, ainsi qu'on désigne aussi les bateaux de plaisance, deviennent de plus en plus
nombreux, non seulement en France, mais on
peut dire partout, et ils commencent à prendre
d'importants tonnages (fig. 132). Il y a en effet
des bateaux à vapeur de cinq à six cents tonneaux
et même plus, qui ont été construits et aménagés
comme bateaux de plaisance et sur lesquels le
propriétaire et sa famille font de longs voyages
d'agrément. Tout le luxe et le confort, dont ces
riches propriétaires jouissent dans leurs somp-
tueuses demeures, ils le retrouvent sur leur yacht

et on comprend bien qu'ils se plaisent à la navigation qu'ils font.

Ils visitent les côtes toujours avec beau temps, jouissent des panoramas qu'elles présentent, venant mouiller dans la rade qui s'offre le plus à leur portée, et à leur convenance, pour y passer la nuit, s'arrêtent dans les ports où ils espèrent trouver quelque intérêt, visitant la contrée qui l'environne,

FIG. 132. — Le *Sirius*, Yacht de S. M. Dom Luiz, roi de Portugal.

y demeurant tant qu'ils n'ont pas tout vu, ne s'en éloignant qu'alors qu'ils en ont assez.

Et lorsque la traversée doit être un peu longue, tout est si bien disposé à leur bord que personne ne s'en plaint, on se distrait en voyant les marsouins qui poursuivent des poissons volants, parfois un souffleur, une baleine, un cachalot qui passe non loin et qui lance sa gerbe d'eau, des bonites, des dorades, aux merveilleuses couleurs, aussi métallisées que celles des plumes du colibri. Alors on trouve là le sujet d'un plaisir, il faut s'en emparer, les lignes, les harpons sont mis en jeu et, pour cela, la vitesse du navire est diminuée, on stoppe même s'il le faut. Un matelot exercé se place à l'avant, en dehors du bâtiment, sur les haubans de beaupré ou sur les sousbarbes, le manche du harpon dans une main, se tenant de l'autre, et, lorsque la dorade passe à portée, bien que ce soit avec une rapidité prodigieuse, l'arme est lancée, et il arrive souvent qu'elle porte juste et que l'animal harponné est ramené à bord. Alors on l'étend sur le pont ou sur un banc de quart, et chacun peut admirer à son aise les teintes d'or et d'azur, de pourpre et d'argent que revêtent les diverses parties du poisson. Il vaut bien la peine qu'on le contemple jusqu'à ce que ces couleurs pâlissent et deviennent ternes ; mais, comme compensation, il reste la perspective de s'en régaler, car c'est aussi un excellent manger, il est aussi bon que beau.

D'autres fois c'est une épave qui se rencontre, quelque débris de navire ou un arbre arraché des bords d'un fleuve que les courants ont porté à la mer et qui, de vagues en vagues, charrié par d'autres courants, est arrivé jusque bien loin des côtes. L'épave est souvent depuis longtemps traînée par les lames, son séjour dans l'eau s'est prolongé et elle se trouve couverte de mollusques qui s'y sont attachés, aussi bien que de ces crustacés sédentaires que l'on nomme des *balanes*, couverte égale-

ment d'une foule d'autres crustacés libres qui
trouvent sur sa surface à brouter les jeunes algues
qui y croissent, tout un monde en un mot. Et ce
monde attire autour de lui des essaims de poissons avides de se repaître des proies faciles qu'ils
trouvent si aisément à la portée de leurs bouches.
Dans ces occasions, il est possible pendant quelque
temps de jouir du plaisir de la pêche à la ligne,
on approche lentement de l'épave, et si, dans le
premier moment, les poissons se sont écartés, ils
reviennent bientôt et, en leur donnant comme
appât quelque friand morceau tel qu'intestins de
volaille, ils se laissent tenter et la pêche devient
fructueuse. On pêche bien à la ligne ordinairement
à bord, mais ce n'est pas de la même façon, et ce
n'est guère que les thons et les bonites qui se cap-
turent. Pour cela on laisse filer sur l'arrière du navire
une longue ligne au bout de laquelle est fixé un
gros hameçon recouvert d'un mannequin imitant
grossièrement un poisson volant. La vitesse du
bâtiment lui imprime la même allure, ce qui lui
donne l'apparence d'un véritable poisson, la vora-
cité des deux espèces que nous venons de nommer les trompe sur la valeur de l'appât et, s'élan-
çant sur lui, ils se prennent bel et bien. Lorsque
l'on passe dans des parages où abondent les thons,
il peut se faire que dans peu de temps on en
prenne une vingtaine.

D'autres sujets de distraction peuvent encore
se rencontrer lorsque la mer est calme, des ani-

maux aux couleurs irisées nagent lentement sur la surface des eaux et se montrent souvent en grand nombre, les marins les appellent des *Galères*, les naturalistes des *Physales*, puis des *Ceintures de Vénus* (Cténophores), des *Salpes*, des *Pyrosomes*, *etc.*, *etc.* Il y en a bien d'autres.

Parmi les Mollusques qui peuvent aussi être admirés, lorsqu'ils passent le long du bord, il faut citer :

La *Janthine*, ce brillant Gastropode, dont la teinte bleue légèrement violacée qui colore sa coquille la rend ravissante à voir.

Le *Glaucus*, Nudibranche, également d'un beau bleu, etc.

Des Ptéropodes de plusieurs espèces, dont quelques-uns déploient de fines membranes qu'ils étalent, comme de véritables voiles, pour se faire pousser par le vent.

Pour l'observateur, le temps ne dure guère, il ne peut s'ennuyer, car ce n'est pas tout. Parfois on aperçoit, dormant sur l'eau, une de ces énormes tortues de mer, et comme il fait calme, on peut mettre une embarcation à l'eau et tenter de capturer l'énorme bête dont la chair est considérée comme fournissant l'élément d'un mets des plus succulents. Mais la capture est difficile à opérer ; il faut, pour réussir, que la chose soit entreprise par des hommes adroits et qui ne sont pas à leur coup d'essai ; surtout si l'animal est de grande taille.

Enfin, il est des jours où l'on peut également

trouver endormi le poisson lune *(Orgathociscus mola)*, mais si on le prend, c'est seulement afin de pouvoir l'observer facilement, lui et les nombreux parasites qu'il porte sur lui, il n'est pas mangeable.

Pour terminer ce qui concerne la catégorie des yachts ou bateaux de plaisance, disons qu'on en attribue quelques-uns à l'étude des mers, aux explorations sous-marines, et cette tendance qui ne peut manquer de s'étendre servira grandement la zoologie. Il faut surtout témoigner, une grande reconnaissance à Son Altesse Sérénissime, le prince de Monaco, qui vient de faire construire un grand yacht à vapeur, la *Princesse Alice*, avec lequel il compte opérer des draguages dans les plus grandes profondeurs des mers. Ce bâtiment, aménagé spécialement dans ce but, possède des laboratoires dans lesquels les naturalistes pourront, aussi aisément qu'à terre, se livrer à toutes les études, même les plus délicates, qui feront définitivement connaître, du moins on peut l'espérer, la vie au fond des mers. Honneur, trois fois honneur au Prince, qui sait si bien employer sa fortune au profit de la science !

Citons de même M. Chevreux, qui, avec une jolie goëlette, *Melita*, dont le nom témoigne quelles sont les études favorites de son maître, court les mers en vue de pêches et de draguages. Egalement honneur à lui.

CHAPITRE XIII

LES FLOTTEURS SOUS-MARINS

Au premier abord, ce mot *flotteur* est en désaccord avec la qualité de plongeurs que possèdent les bateaux sous-marins. Cependant, en réfléchissant, on sent bien que la première faculté est indispensable à la seconde. Si, en effet, ce n'était pas un flotteur, il coulerait, il serait assurément plongeur, mais il ne pourrait se relever et demeurerait sur le fond. Il a donc fallu donner à ce genre de bateau des qualités spéciales et le moyen de remonter à la surface des eaux, lorsque sa mission comme plongeur, est terminée. Il faut qu'il soit hermétiquement clos, afin que l'eau ne puisse pénétrer à l'intérieur, et pourvu au dedans d'appareils propres à fournir l'air nécessaire à la respiration. Mais ce ne sera jamais pendant bien longtemps que ces appareils pourront fournir de l'air, et, au bout de trois heures à peu près, il faut remonter pour rétablir la communication avec l'atmosphère. Jusqu'à présent, c'est de l'air comprimé qu'on emploie, en l'emmagasinant dans les appareils. Peut-être un jour trouvera-t-on un procédé qui permettra de se le procurer, de façon à ce que les campagnes sous-marines aient une plus longue durée.

Ce n'est pas de notre époque que l'on a songé pour la première fois à naviguer entre deux eaux : les premiers essais d'engins sous-marins datent d'assez loin, ils sont même antérieurs à ceux authentiques du XVIIe siècle.

Les Américains firent quelques tentatives contre les bâtiments anglais, pendant la lutte qu'ils soutinrent pour leur indépendance. Fulton essaya un bateau sous-marin, auquel il avait donné le nom de *Nautilus*.

Un peu plus tard, on fit des essais au Havre ; on en fit, quelques années après, à Rochefort.

Aujourd'hui, on parle de tentatives exécutées en plusieurs pays.

Il semble qu'on parviendra enfin à établir un type qui répondra aux principales données du problème. Cependant, à notre point de vue, le bateau sous-marin ne pourra jamais être un engin qu'un ennemi aura beaucoup à craindre, de même qu'il ne pourra pas rendre de grands services pour l'exploration des fonds. Ce qu'il présentera de plus sérieux, c'est la satisfaction que l'esprit éprouvera, à la pensée de la victoire remportée sur des difficultés, paraissant insurmontables.

CHAPITRE XIV

LES BOUÉES

Puisque nous avons parlé des bouées de sauvetage, bien qu'aujourd'hui tout le monde à peu près sache ce que c'est, disons que les bouées sont des flotteurs de plusieurs sortes.

Les premières sont suspendues le plus ordinairement en dehors des navires ; on les laisse tomber à l'eau lorsqu'un homme tombe à la mer. A bord des bâtiments de l'État, une de ces bouées était pourvue d'une pièce d'artifice, qui, pendant la nuit, indiquait à l'homme en péril la place même où il pouvait trouver un sûr appui, jusqu'au moment où il serait recueilli par un canot mis à l'eau pour le rechercher. On a étendu très largement l'usage des *bouées de sauvetage* à bord des grands paquebots ; chaque passager en a une dans sa cabine. Puis on a pourvu chaque bâtiment d'un nombre suffisant de ceintures de sauvetage, qui sont également des flotteurs, destinés à assurer le maintien sur l'eau des personnes qui s'en servent.

En mentionnant les bouées de sauvetage, leur nom nous amène tout naturellement à dire ce que le mot *bouée* signifie suivant ses appropriations. Il est en effet attribué à un flotteur qui a plusieurs usages. Lorsqu'on mouille une ancre, on la munit assez ordinairement d'une bouée, fixée sur son diamant, au moyen d'un cordage appelé *orin* ; en cas de rupture du câble, sa position se trouve ainsi indiquée et on peut, suivant les cas, la relever soit par un moyen, soit par un autre ; la bouée assure donc la conservation d'un objet de première nécessité pour tout bâtiment.

Les passes d'une rade, d'une rivière sont indiquées aux navigateurs par ce qu'on appelle le *balisage*, qui comprend des séries de bouées traçant à peu près le chenal à suivre pour éviter les hauts-fonds sur lesquels les navires pourraient venir s'échouer ; elles sont peintes d'une couleur sur un bord, et d'une autre sur le côté opposé du chenal. Autrefois elles étaient en bois. Actuellement elles sont presque toutes en tôle ; il en est qui sont surmontées de *voyants* pour être visibles de plus loin. D'autres auxquelles on adapte une cloche, mise en branle par le clapotis de la mer, elles signalent un danger pendant les temps de brume. On en place également d'isolées pour indiquer un banc, un récif, un point dangereux.

Depuis quelque temps l'usage des bouées lumineuses semble adopté, progrès fort utile, puisque, pendant l'obscurité, elles tracent la route à suivre, aussi bien que lorsqu'il fait jour. En 1856, nous avions proposé deux moyens de rendre les bouées lumineuses en se servant de l'électricité ; mais à cette époque, on n'avait pas encore toute confiance dans les services que pouvait rendre cet agent, et mes propositions ne furent pas prises en considération. Cependant, avec quelques modifications, c'est peu près ce qui est en usage actuellement, que je proposais. Quelques bouées sont munies d'appareils produisant des sons capables d'être entendus d'assez loin en temps de brume.

Il y a aussi les *bouées de corps morts*, sur lesquelles les bâtiments qui doivent s'amarrer sur les ancres de poste qui les constituent trouvent le bout de la chaîne appartenant au système ; ils frappent sur ce bout une haussière ou un grelin et peuvent facilement en hâler à bord suffisamment pour que leur amarrage ait lieu.

Enfin les *bouées de hâlage*, sur lesquelles on frappe des haussières, grelins ou faux bras, et qui servent à touer les navires, pour les faire entrer dans un port et les en faire sortir.

Ainsi qu'on peut en juger, tous ces flotteurs de petites dimensions sont d'une grande utilité.

CONCLUSION

Comme conclusion, la réflexion semble faire voir qu'il y aura peu de progrès possibles désormais en construction navale. On pourra peut-être produire de plus grands marcheurs, mais les résultats seront plutôt dus à l'emploi de nouveaux agents qui actionneront les moteurs. Cependant, on peut prévoir qu'en parvenant à établir des carènes qui adhéreraient à la surface de l'eau sans y pénétrer, c'est-à-dire sans calaisons, l'appareil moteur s'enfonçant seulement quelque peu et maintenant le flotteur dans cette condition qu'il glisserait sur l'eau, il y aurait ainsi une nouvelle voie ouverte. C'est donc à diminuer de plus en plus le tirant d'eau qu'il faut tendre pour arriver à l'annuler à peu près complètement si l'on peut.

Tel est le principe sur lequel il faut chercher à établir le Veloscaphe, qui servira de base aux études à faire pour l'application du nouveau système.

FIN

INDEX ALPHABÉTIQUE

Lyon. — Imp. PITRAT AINÉ, A. REY succr, 4, rue Gentil. — 3195